LES
INTÉGRALES
DE PHILO

ARISTOTE

La Politique
Livre I

Traduction, présentation et commentaires :
Pierre Pellegrin
Agrégé de l'Université, chargé de recherche au C.N.R.S.

Préface de
M. Jacques Brunschwig
Professeur à l'Université
de Paris X-Nanterre

NATHAN

SOMMAIRE

ISBN 2-09-175874-4

AVERTISSEMENT

Pour étudier la philosophie, les élèves des classes Terminales disposent actuellement de deux types d'ouvrages complémentaires :

– des manuels classiques, communément appelés « Cours de Philosophie » dont les Éditions Nathan ont toujours offert l'exemple, incarné dans les ouvrages de Félicien Challaye, puis de Vergez et Huisman (derniers en date : la collection des 2 tomes, publiés en 1990).

– des recueils de textes ou de morceaux choisis classés par thèmes et recoupant, comme les manuels, les différents chapitres du programme dont le plus récent, chez le même éditeur, est « *Notions et textes* » de Roussel et Durozoi (toutes sections).

On peut dire que ces divers ouvrages visent principalement la préparation à l'**écrit** du Baccalauréat. Quant à l'**oral** pour lequel – selon les sections – deux ou trois textes à option sont imposés aux candidats *dans leur version intégrale,* aucun ouvrage spécifique n'y préparait.

Les candidats en étaient réduits à deux possibilités :

– ou bien acheter des « œuvres complètes » dépourvues de tout commentaire préparant vraiment au Baccalauréat ;

– ou bien se procurer des « petits classiques », composés en règle générale de morceaux choisis reflétant incomplètement la pensée de l'auteur. Ainsi trouve-t-on le *Discours sur l'origine de l'inégalité* de J.-J. Rousseau dans de nombreuses éditions complètes, généralement coûteuses et peu maniables ou dans des recueils d'extraits le morcelant et le tronquant.

Les **Intégrales de Philo** se proposent donc d'offrir aux élèves de Terminales à la fois un texte complet et une étude qui les aide à mieux analyser ce texte.

Dans chaque volume on trouvera un résumé chronologique de la vie du philosophe, une présentation claire et accessible de l'ouvrage, le texte intégral annoté, page par page, par un commentaire juxtalinéaire, des documents permettant une meilleure compréhension des textes, des jugements sur l'auteur et son œuvre, des sujets de travaux et de réflexions et une bibliographie mise à jour.

21 volumes ont déjà paru, dont le *Discours de la méthode* de Descartes, la préface de 1787 à la deuxième édition de la *Critique de la raison pure* de Kant, le VIIe livre de *La République* de Platon, le *Discours sur l'origine de l'inégalité parmi les hommes* de J.-J. Rousseau et le *Manifeste du Parti Communiste* de K. Marx.

D'autres suivront qui rendront, nous le souhaitons, les meilleurs services aux élèves de Terminales.

Nous espérons ainsi avoir fait œuvre utile sans jamais recouper ni les manuels, ni les recueils de textes, tous deux aussi nécessaires à l'enseignement de la philosophie.

Les **Intégrales de Philo** devront prendre place parmi les instruments de travail nécessaires à la bibliothèque du candidat au Baccalauréat : elles lui permettront à coup sûr d'aller directement au texte lui-même et donc de ne jamais se perdre dans ce que Péguy appelait l'« extra-texte », cette glose si souvent substituée, hélas ! volontairement ou non au texte lui-même.

Denis Huisman

Extrait du programme officiel de philosophie dans les classes Terminales

Il n'y a pas lieu d'établir une liste des œuvres dont l'analyse peut contribuer à l'étude des notions du programme. Le professeur choisit, dans ces œuvres, les textes qui répondent aux besoins philosophiques de son enseignement. Mais dans toutes les classes terminales on entreprendra l'étude suivie d'œuvres philosophiques choisies dans une liste limitative.

Cette liste est celle à laquelle se réfèrent les épreuves orales du baccalauréat[1]. Parmi les œuvres des auteurs dont le nom figure sur cette liste, le professeur choisit celle dont l'analyse peut être entreprise en même temps que l'étude des thèmes et en relation avec elle.

Telle œuvre sera étudiée dans son ensemble : le professeur délimite alors les passages qui feront expressément l'objet d'une explication de texte. Telle autre sera étudiée dans certaines de ses parties ; celles-ci auront une certaine ampleur, formeront un tout et présenteront un caractère de continuité.

Dans toutes les sections, au moins l'une des œuvres choisies sera de l'un des auteurs dont le nom est précédé d'un astérisque.

*Platon – *Aristote – Epicure – Lucrèce – *Epictète – Marc-Aurèle – Saint Augustin – Saint Thomas.

Machiavel – Montaigne – Hobbes – *Descartes – Pascal – *Spinoza – Malebranche – Leibniz – Montesquieu – Hume – *Rousseau – *Kant.

*Hegel – *Comte – Cournot – Kierkegaard – Marx – Nietzsche – Freud – *Husserl – *Bergson – Alain – Bachelard – Merleau-Ponty – Sartre – Heidegger.

Dans chaque section, le nombre d'œuvres, proportionné à l'horaire, s'établit comme suit :

En section A :

Trois œuvres au minimum, choisies au moins dans 2 périodes différentes (la liste des œuvres fait apparaître 3 périodes : l'Antiquité et le Moyen Age, la période moderne, la période contemporaine).

De ces trois œuvres, l'une au moins sera étudiée dans son ensemble. Si deux œuvres sont choisies dans la même période, l'une au moins d'entre elles doit être d'un auteur dont le nom est précédé d'un astérisque.

En section B :

Deux œuvres au minimum, dont l'une au moins sera choisie dans l'Antiquité et le Moyen Age, ou dans la période moderne.

De ces deux œuvres, l'une au moins sera étudiée dans son ensemble.

En section C, D, E, F_{11} :

Une œuvre au minimum, étudiée soit dans son ensemble, soit dans certaines de ses parties.

1. Pour les Terminales qui comportent un oral, une note indiquant les œuvres étudiées figurera sur le livret scolaire des candidats ou sera remise à l'examinateur par les candidats sans livret.

préface

Les lycéens d'aujourd'hui savent-ils tous que l'établissement qu'ils fréquentent doit son nom à celui d'un gymnase athénien dont Aristote avait fait choix pour y dispenser son enseignement? On n'en jurerait pas, tant il est vrai qu'après avoir longtemps régné en maître dans les écoles, le philosophe du Lycée a longtemps payé cet excès d'honneur par ce qui n'est pas loin d'être un excès d'indignité. En France surtout, jusqu'à une date relativement récente, le prestige de Descartes a beaucoup fait pour qu'Aristote ne soit guère présent dans l'enseignement philosophique que comme le héros négatif dont la lumière cartésienne est heureusement venue à bout. Et si le trépied « classique » de la pédagogie philosophique (Platon, Descartes, Kant) est aujourd'hui quelque peu bousculé, c'est au profit d'une triade de « modernes » (Marx, Nietzsche, Freud) dont Aristote n'est pas moins exclu. Il est peut-être temps que cesse ce petit jeu, où les seuls coups admis sont ceux qui consistent à hisser les philosophes sur un piédestal ou à les en précipiter; et je serais assez porté à soutenir que la manière aristotélicienne de philosopher invite par elle-même à ne plus trop y jouer. De sorte qu'on peut se féliciter doublement de voir s'ouvrir des accès plus faciles à l'œuvre d'Aristote, par le biais de traductions nouvelles et de commentaires soigneusement adaptés : c'est à la fois rendre disponible un segment essentiel du clavier d'exercice où s'apprend ce que la philosophie a été et ce qu'elle peut être, et proposer une façon de s'y exercer qui peut concerner ce même clavier dans toute son étendue.

On pourrait se demander, à vrai dire, si de toutes les œuvres que nous avons conservées d'Aristote, la Politique *est la mieux faite pour remplir cet office, tant elle est étroitement liée à un moment de l'histoire. Son auteur lui-même ne voulait pas la mettre au programme des plus jeunes, pour des raisons dont l'énoncé peut redoubler notre sentiment d'inactualité : « Le jeune homme, dit-il au début de l'*Éthique à Nicomaque, *n'est pas un auditeur bien approprié à un cours de politique, car il n'a pas l'expérience des actions de la vie, qui sont la* *matière et l'objet des raisonnements de cette science. » Et il précise, dans la* Rhétorique, *en quoi la liqueur politique peut apparaître comme trop amère pour de jeunes gosiers : « Les jeunes gens sont naïfs, parce qu'ils n'ont pas encore observé beaucoup de vilenies; ils sont confiants, parce qu'ils n'ont pas été encore souvent trompés; ils sont prompts à la pitié, parce qu'ils s'imaginent que tous les hommes sont honnêtes, et meilleurs qu'ils ne le sont en réalité; ils mesurent les autres à l'aune de leur propre innocence ». Bien malin qui dira si cet aimable portrait ne flatte pas quelque peu ses modèles, et s'il garde encore aujourd'hui la moindre pertinence. Il n'est que trop certain que « l'expérience des actions de la vie » vient bien plus vite à nos enfants; et l'on pourrait parier qu'en lisant la* Politique, *ils seront moins frappés par la lucidité désenchantée qu'Aristote se flattait d'y avoir mise que par le moralisme prudent, le paternalisme douceâtre, le sexisme satisfait et l'ethnocentrisme tranquille que l'on se plaît souvent à y souligner aujourd'hui. Les fameux chapitres sur l'esclavage, pour ne parler que d'eux, risquent d'apparaître comme l'illustration la plus attristante d'une philosophie entièrement idéologique, d'une entreprise qui vise à couvrir de l'autorité de la raison, et du sceau même de la nature, une institution que nous trouvons exemplairement intolérable.*

Il serait vain de tenter d'atténuer le choc en faisant remarquer que le livre I, le seul qu'on lira ici, n'est pas toute la Politique, *et qu'il serait illégitime de projeter sur l'ensemble du traité l'éclairage fourni par ce morceau, qui n'en est à proprement parler qu'un hors-d'œuvre, puisqu'il est consacré à l'étude du groupe familial, et qu'Aristote se donne beaucoup de mal pour établir que les divers rapports hiérarchiques qui s'exercent au sein de ce groupe diffèrent tous, par nature, des rapports proprement politiques. Non, mieux vaut sans doute prendre le taureau par les cornes, c'est-à-dire lire le texte et tâcher de le comprendre. Peu importe, à la limite, que l'on finisse par condamner Aristote, ou par l'absoudre, pourvu que le jugement auquel chacun aboutira soit informé, réfléchi, argumenté. Dans ces textes dont aucun résumé ne peut restituer l'allure laborieuse et presque tourmentée, et dont aucune interprétation définitive ne saurait être imposée, l'on verra du moins comment un philosophe tâche, à ses risques et périls, de comprendre et de juger le monde social et politique dans lequel il vit, non sans donner la parole à ceux qui ne sont pas de son avis. Sans Aristote, nous saurions à peine que des voix s'étaient élevées pour dire que l'esclavage était injuste et contre-nature; sans lui, le mutisme de l'intelligence grecque sur l'un des aspects fondamentaux des sociétés antiques serait à peu près total. Il est à la fois normal et un peu injuste que tout le monde tombe, à bras raccourcis, sur le seul qui ait « vendu la mèche ».*

Finirions-nous par nous croire autorisés à donner au Stagirite des leçons rétrospectives de lucidité et de générosité, il resterait d'ailleurs à savoir si nous ne les méritons pas nous-mêmes aussi bien. Il paraît monstrueux que l'on puisse acheter et vendre des hommes et des femmes, et choquant que l'on ne s'en choque point. Mais nous trouvons encore normal d'acheter le travail d'autrui, et de vendre le nôtre. Qui sait si un jour ne viendra pas où l'on s'étonnera de notre aveuglement, comme nous croyons pouvoir nous étonner de celui d'Aristote?

Que la Politique *d'Aristote soit « datée » – on voudrait l'avoir suggéré par ces courtes remarques – ce n'est pas une raison pour s'en détourner, mais bien au contraire une raison positive d'en faire aujourd'hui un texte de travail et une occasion de réflexion. Car si les temps changent et les pensées varient, le rapport entre les temps et les pensées peut, en tout temps, donner à penser.*

Jacques BRUNSCHWIG

Professeur à l'Université de Paris I

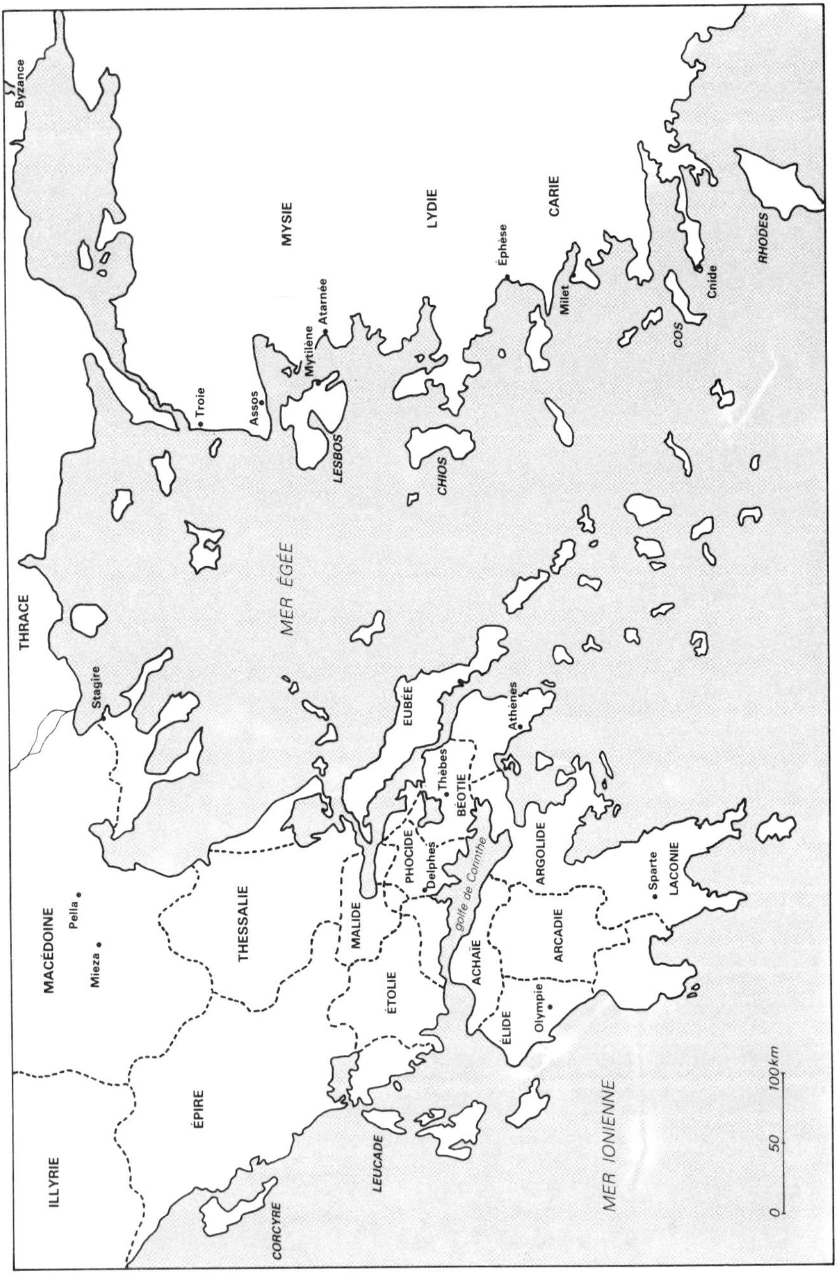

LE MONDE GREC

I Vie d'Aristote

C'est le propre des grands hommes que d'alimenter, longtemps encore après leur disparition, des controverses chez ceux qui étudient leur personnalité et leur œuvre. Non seulement Aristote n'échappe pas à cette règle, mais il est peut-être, parmi les philosophes, celui qui a entretenu les disputes les plus virulentes. Voilà, en effet, un philosophe qui vivait deux millénaires et demi avant nous auquel certains de nos contemporains vouent une telle admiration qu'ils lui consacrent leur vie, et qui – fait beaucoup plus significatif – suscite en plein 20e siècle des ouvrages pétris de haine et tissus d'injures. Il est plusieurs raisons à cette étonnante situation, dont la moindre n'est sans doute pas l'annexion d'Aristote par les Scolastiques à partir du 13e siècle, qui eut pour effet de le projeter dans les luttes idéologiques qui ont marqué la Chrétienté moderne.

Chez Aristote tout est sujet à controverse, à commencer par sa vie. Non que les sources manquent : elles sont, certes, rares et parfois suspectes, mais la plupart des philosophes anciens ne sont pas mieux lotis sur ce point.

□ 1. FAMILLE, ENFANCE ET JEUNESSE D'ARISTOTE

Aristote est né à Stagire, à quelques kilomètres de l'actuelle Stavro, en 384/3 av. J.-C. Son père, Nicomaque, était médecin au service du roi de Macédoine Amyntas II. Sa mère, Phestias, aurait été originaire de Chalcis en Eubée. Première controverse donc : Aristote était-il Grec ou Macédonien? Ses « partisans » déclarent, comme Léon Robin, que c'était « un pur Hellène », ses « adversaires » en font, comme René Allendy le « fils d'un espion barbare ». En l'absence de données irréfutables, tous révèlent en fait un même préjugé raciste : reconnaître qu'un homme n'est pas Grec c'est porter atteinte à sa valeur intellectuelle intrinsèque.

Pourquoi Aristote est-il né à Stagire, alors que les fonctions de son père devaient le retenir le plus souvent à Pella où résidait la cour du roi de Macédoine? On pourrait penser que sa famille était originaire de Stagire, puisque dans son testament (cf. p. 69), qui nous a été conservé par Diogène Laërce, Aristote parle de la maison de ses parents à Stagire. Mais rien n'est sûr.

La Macédoine est, à l'époque, la puissance politique « montante », et ses monarques tentent de s'approprier le plus possible la culture d'une Grèce qu'ils soumettront bientôt militairement et politiquement. Peut-être Nicomaque était-il l'un de ces intellectuels grecs que la monarchie macédonienne avait engagés à son service : on lui prête d'ailleurs six livres de médecine et un livre de physique. Nicomaque aurait appartenu à la confrérie des Asclépiades et n'aurait sans doute pas manqué, comme c'était leur usage, de former son fils pour qu'il lui succède. Mais, heureusement peut-être pour la philosophie, Aristote fut très tôt orphelin. Il est alors élevé par un tuteur, Proxène d'Atarnée, dont il adoptera plus tard le fils Nicanor.

☐ 2. LE PREMIER SÉJOUR A ATHÈNES ET LA « FUITE » EN ASIE MINEURE

Dans sa dix-huitième année, Aristote arrive à Athènes où il devient élève à l'Académie de Platon alors que celui-ci est en Sicile et que l'école est dirigée par le mathématicien et astronome Eudoxe. Il a au moins trois défauts aux yeux de ses jeunes (et moins jeunes) condisciples : il est un « provincial » sinon un demi-barbare, il est perçu comme le représentant de la Macédoine méprisée et redoutée, il est plutôt laid et mauvais orateur dans un milieu où beauté physique et virtuosité rhétorique sont deux atouts importants. Diogène Laërce dit en effet qu'il bégayait un peu, avait les jambes grêles et de petits yeux.

Ici surgit une autre controverse, peut-être la plus importante de par ses répercussions philosophiques, à propos des rapports entre Platon et Aristote. Les interprètes oscillent en effet d'un Aristote parricide à un Aristote platonicien. Dès l'Antiquité, tardive il est vrai, on a rapporté des récits montrant Aristote s'opposant à son maître, insultant même le vieux Platon, et Diogène Laërce prétend qu'il fonda une école rivale de l'Académie du vivant même de Platon. Une autre tradition, au contraire, et qui semble plus digne de foi, nous montre Aristote restant à l'Académie une trentaine d'années, même s'il est probable qu'il se soit montré assez tôt critique envers l'enseignement de son maître et notamment la « théorie des Idées ».

Platon meurt en 348/7 et Speusippe prend la direction de l'Académie. C'est peut-être en réaction à cet événement qu'Aristote et Xénocrate, qui tous deux pouvaient prétendre à la succession de Platon, se rendent dans la ville d'Atarnée, d'où le tuteur d'Aristote était originaire. Le tyran d'Atarnée était alors Hermias, qui joua un grand rôle dans la vie d'Aristote : c'était un eunuque, ancien esclave du banquier Euboulos, originaire de Bythinie; une tradition en fait l'amant d'Aristote qui épousera plus tard Pythias, concubine ou fille (sans doute faut-il entendre parente) d'Hermias[1]. Hermias tombera plus tard aux mains des Perses qui le feront mourir sous la torture. Sans doute très affecté par cette fin, Aristote composera un hymne en l'honneur d'Hermias, ce qui faillit lui coûter fort cher puisqu'à ce propos ses ennemis lui intenteront un procès pour impiété — les hymnes devant être réservés aux dieux — qui l'obligera, à l'extrême fin de sa vie, à fuir encore une fois Athènes.

Mais il est une autre raison, qui semble vraisemblable, du premier départ d'Aristote d'Athènes : en 348 Philippe II de Macédoine prend la ville d'Olynthe, amie d'Athènes, la rase, massacre une partie des habitants et vend le reste comme esclaves. Dans l'atmosphère de suspicion générale entretenue, et sans doute non sans fondement réel, par des gens comme Démosthène qui dénoncent l'omniprésence des agents macédoniens, Aristote dut se trouver en position délicate...

A Atarnée, Aristote retrouve une petite communauté platonicienne, ce qui tendrait encore à confirmer qu'il n'était pas sorti de l'Académie. Peu après, pour une raison inconnue — certains ont supposé qu'une dispute s'était élevée

1. Mais il faut accueillir avec précautions ces données biographiques concernant Hermias, car il y avait dans l'Antiquité une sorte de rituel de l'injure qui consistait précisément à traiter un homme d'eunuque, d'ancien esclave et d'homosexuel passif (cette dernière qualité ne devenant injure qu'en s'appliquant à un homme que l'on considérait comme sorti de la jeunesse).

entre Hermias et le petit monde des philosophes réfugiés dans sa cité – Aristote part pour Assos, puis pour Mythylène dans l'île de Lesbos.

Il semble que ce séjour en Asie Mineure ait été pour Aristote une époque de recherches intenses. En sciences naturelles, par exemple, la majorité des références géographiques dans les études d'Aristote sur les animaux se situent en Asie Mineure.

□ 3. DU PRÉCEPTORAT D'ALEXANDRE A LA MORT D'ARISTOTE

En 343/2 Aristote est choisi par Philippe de Macédoine comme précepteur pour son fils Alexandre âgé de 13 ans. Il l'avait emporté dans une compétition fort serrée, notamment sur un candidat soutenu par Isocrate et un autre soutenu par Speusippe. Il va donc résider à Mieza, ville où Philippe a placé son fils, ni trop loin ni trop près de la capitale macédonienne, Pella.

Nous avons tendance à penser que cette période de la vie d'Aristote fut pour lui très importante. Pourtant nous n'en savons rien de sûr. On dit que l'enseignement qu'il dispensa à son royal élève portait sur la poésie — il entreprit pour lui une recension de l'*Iliade* et aurait composé un dialogue *Sur les poètes* — et, bien sûr, la politique. Ainsi aurait-il composé un ouvrage *Sur la royauté* et un dialogue, *Alexandre ou sur les colonies,* dans lequel était peut-être abordé, de manière critique, ce qui sera le grand projet politique d'Alexandre, la fusion des Grecs et des Barbares[2].

Le préceptorat d'Aristote se termine avec la nomination d'Alexandre comme régent du royaume en 340. Aristote avait obtenu la permission de faire reconstruire Stagire, détruite par les Macédoniens en 349. Ainsi donnera-t-il des lois à sa patrie et en deviendra-t-il une sorte de nouveau fondateur. Ceci est d'une extrême importance si l'on se rappelle la place que tiennent les héros fondateurs dans l'imaginaire grec antique. Après la mort de sa femme Pythias, il prend une stagirite, Herpyllis, comme femme légitime ou comme concubine. Certains disent que c'était une courtisane. Il en aura un fils, Nicomaque, et lui restera très attaché jusqu'à la fin de sa vie : dans son testament il lui rend hommage et lui assure les moyens de vivre.

En 335/4 il rentre à Athènes qui s'est soumise à Alexandre après la destruction de Thèbes. Plus que jamais il doit apparaître comme l'homme des Macédoniens. Entre-temps, en 340/39, Speusippe étant mort, Xénocrate s'était empressé de se faire élire à la tête de l'Académie, en l'absence d'Aristote. C'est alors que la rupture d'Aristote avec l'Académie fut vraiment consommée et qu'à 50 ans il fonda une école rivale, le Lycée, qui tirait son nom d'un gymnase proche consacré à Apollon Lycien.

Assez rapidement les relations entre Aristote et Alexandre devinrent mauvaises. On dit que le philosophe désapprouvait la politique d'assimilation des Perses menée par son ancien élève. Ce dernier avait, de plus, fait mourir Callisthène, le neveu d'Aristote qui ne voulait pas se prosterner devant le roi à la mode perse (327). En 323 Alexandre meurt, et Aristote n'a donc plus à redouter sa rancune.

2. D'après une autre tradition, qui semble plus sûre, l'*Alexandre* aurait été composé nettement plus tard.

Mais cette mort provoque un sursaut à Athènes, qui se révolte alors contre le joug macédonien. Aristote, ami intime du régent Antipater, est menacé. D'autant plus qu'au lieu de lui faire un procès directement politique, au cours duquel il n'eût peut-être pas manqué d'arguments pour sa défense, on préfère l'attaquer par le biais d'un procès pour impiété en invoquant l'hymne qu'il avait rédigé en l'honneur d'Hermias. Aristote s'enfuit à Chalcis avec Herpyllis et ses enfants. Il y meurt à 62 ans, après avoir vu l'écrasement des Athéniens par son ami Antipater.

□ 4. LE LYCÉE ET LA POSTÉRITÉ D'ARISTOTE

L'école philosophique

Le Lycée fondé par Aristote fut immédiatement perçu par ses contemporains comme une institution rivale de l'Académie platonicienne. Nous touchons là deux traits fondamentaux, et liés entre eux, de la pratique philosophique grecque.

D'abord la philosophie se déploie dans une atmosphère de *lutte.* Henri-Irénée Marrou écrit dans son *Histoire de l'éducation dans l'Antiquité :* « il n'y a pas une philosophie hellénistique mais des sectes rivales, qui se disputent âprement le terrain : il n'est pas de doctrine qui puisse s'épanouir, si ce n'est à l'abri d'un puissant tir de barrage dialectique, réfutant les prétentions des doctrines opposées et ripostant à leurs attaques » (Éd. du Seuil, coll. « Points », t. I, p. 312). Et même dans l'Antiquité tardive, quand apparaîtront de puissantes tendances à l'électisme intellectuel et au syncrétisme religieux, notamment à travers l'appropriation par le monde gréco-romain des pensées orientales, il n'y aura pas de conciliation entre les tendances philosophiques. On peut même dire que les philosophes se battront jusqu'à la mort, puisque l'unification intellectuelle du monde antique se fera sous la houlette du dogme chrétien — tant il est vrai que le triomphe d'une religion sonne toujours le glas de la pensée philosophique réelle, c'est-à-dire libre.

Ensuite il faut remarquer que cette lutte philosophique prend un aspect particulier du fait que les différentes tendances philosophiques sont représentées par des *écoles.* Passons très rapidement sur ce qu'on pourrait appeler la préhistoire des écoles philosophiques : de l'aveu même de Platon et du successeur d'Aristote à la tête du Lycée, Théophraste, les philosophes s'étaient dès la plus haute Antiquité rassemblés en écoles. Ainsi autour et à la suite de Thalès s'était organisée à Milet une sorte de corporation philosophique que l'on appelle encore « l'école milésienne » et dont nous connaissons, après Thalès lui-même, deux membres, Anaximandre et Anaximène. Outre leur lieu commun de résidence ces hommes étaient unis par une manière commune de questionner l'univers : tous cherchaient *l'élément primordial* dont l'univers est composé. On parlera aussi d'« école éléate » pour regrouper des philosophes ayant des affinités doctrinales avec Parménide d'Élée. Les Pythagoriciens, quant à eux, formeront des confréries qui auront plus le caractère de sectes religieuses que d'écoles philosophiques.

Mais à partir de Platon les choses changent, avec lui et après lui : tous les grands initiateurs philosophiques fondent des écoles qui vont durer des siècles ; celle de Platon survivra près d'un millénaire. A la fin du 3e siècle avant J. -C., quand l'enseignement philosophique grec a pris la figure qu'il gardera jusqu'à la fin de l'Antiquité, quatre écoles « reconnues » se partagent le terrain philosophique : l'Académie issue de Platon, le Lycée fondé par Aristote, l'école stoïcienne, appelée aussi Portique (en grec *stoa*) fondée par Zénon de Cittium, le Jardin, c'est-à-dire l'école d'Épicure. Même les philosophes qui n'appartiennent pas à ces écoles subissent indirectement cette division *scolaire* de la vie philosophique grecque : ainsi les Cyniques prétendent-ils former une sorte de « contre école » en se définissant non pas par un corps de doctrine qui leur soit commun, mais par *un mode de vie,* illustré par le fameux Diogène. Quels sont les traits essentiels de l'école philosophique grecque? Elle est fondée par un philosophe qui s'entoure de disciples et sait exercer sur eux un ascendant suffisant pour devenir le maître qui édicte la doctrine à laquelle ils adhèrent et le directeur de conscience qui les conseille. Après la mort du fondateur l'école sera dirigée par un scolarque généralement désigné par lui parce qu'il a été un disciple exemplaire. Les textes du fondateur sont enseignés aux nouveaux membres tandis que certaines dates anniversaires de sa vie (naissance, mort...) sont sacralisées et deviennent l'occasion de commémorations de type quasi religieux. Il y a bien sûr des écarts par rapport au modèle esquissé ici : ainsi, si Zénon de Cittium fut chronologiquement le vrai fondateur du Stoïcisme, c'est son successeur Chrysippe qui en codifia intellectuellement la doctrine.

Le Lycée

L'école d'Aristote, le Lycée, partagera toutes ces caractéristiques avec les écoles rivales. Ce qui la distinguera le plus des autres, quant au « style » de ses travaux, vient du fait que dès l'époque d'Aristote elle s'assignera une tâche *encyclopédique*, à l'image de l'œuvre d'Aristote lui-même. Certes l'Académie semble avoir voulu constituer une sorte de « banque de données » sur certains sujets qui tenaient particulièrement à cœur Platon. Ainsi savons-nous qu'Aristote, quand il était membre de l'Académie, avait réuni des documents de caractère politique et ethnologique. Mais le Lycée ira beaucoup plus loin : ses membres entreprendront de répertorier tout ce que l'esprit humain avait produit : mathématique, astronomie, médecine, poésie, musique, faits sociaux et culturels... Il nous reste aussi de Théophraste des fragments d'un ouvrage sur *Les opinions des physiciens* qui est en fait le premier manuel d'histoire de la philosophie.

Mais les quatre écoles philosophiques dont nous avons parlé n'ont pas eu la même portée historique. Cela tient d'abord à leur différence de contenu doctrinal. Mais cela tient aussi à une différence de destin des textes eux-mêmes : alors que des premiers Stoïciens et d'Épicure il ne nous reste que des fragments dispersés et incertains, la tradition nous a transmis, sous les noms de Platon et d'Aristote, un *corpus* important. Comme nous ne pourrons jamais juger, à moins de découvertes textuelles importantes qui sont loin d'être impossibles, s'il s'agit d'un effet du hasard ou si l'histoire, avec ruse mais perspicacité a éliminé des philosophes « secondaires » pour ne sauver que les œuvres primordiales, nous ne saurons jamais vraiment si c'est le hasard ou la nécessité qui a fait d'Aristote l'un des deux phares de la philosophie occidentale.

Certains ne manqueront pas de présenter l'Aristotélisme comme une sorte de fossile intellectuel, c'est-à-dire un organisme dont nous savons qu'il a vécu mais dont nous ne conservons qu'un vestige inerte. Et il faut convenir que, souvent, les textes d'Aristote qui nous sont parvenus entendent résoudre avec des concepts que nous ne comprenons qu'à peine des questions que nous ne nous posons plus parce qu'elles ont surgi dans un monde qui nous est inconcevable. Contre cette position on pourrait mettre en avant et l'intérêt et le plaisir que l'on retire de la lecture de notre auteur : cela a souvent été fait. Prenons donc une autre voie en montrant que l'Aristotélisme *a une histoire* continuée jusqu'à nos jours.

Platon ou Aristote?

Le poète Coleridge prétendait que « tout homme naît aristotélicien ou platonicien ». On peut même dire que le développement de la pensée philosophique *et scientifique* occidentale est balisé par l'alternance des succès et des revers enregistrés par le Platonisme et l'Aristotélisme dans la lutte séculaire qu'ils continuent de mener entre eux. Évoquons quelques moments privilégiés de cette lutte.

A la fin de l'Antiquité l'école néo-platonicienne prétend vouloir concilier les deux doctrines de Platon et d'Aristote, mais conçoit en fait l'Aristotélisme comme une philosophie *subordonnée* au Platonisme. Ainsi, au 5e siècle après J.-C., l'un des chefs de l'école néo-platonicienne, Syrianus, reconnaît à Aristote une compétence en logique, éthique et philosophie naturelle (et certains commentaires des œuvres d'Aristote par Syrianus nous sont parvenus), mais c'est pour réserver à Platon le dernier mot en le reconnaissant comme maître dans le domaine de ce que l'on pourrait appeler la « philosophie de l'esprit ». Si bien que les élèves de l'école étudiaient Aristote comme une introduction à la lecture de Platon. Le triomphe du Platonisme va se trouver accentué, à la même époque, par celui du christianisme. Si certains en effet, notamment à Alexandrie au 6e siècle, ont tenté une conciliation entre l'Aristotélisme et le dogme chrétien, c'est néanmoins aux sources platoniciennes qu'iront s'abreuver les Pères de l'Église tant grecs que latins. En Occident le rôle de saint Augustin sera, de ce point de vue, déterminant : maître de la chrétienté latine, il contribuera puissamment à cantonner tous les penseurs médiévaux occidentaux, et ce jusqu'au 12e siècle, dans le cadre d'un Platonisme volontiers mystique.

Les choses vont changer au 13e siècle et, contre l'Augustinisme platonisant, on va assister à une renaissance de l'Aristotélisme. Il faut distinguer les conditions, les artisans et les moyens de cette reconnaissance. La condition principale en est la fin de la prépondérance absolue du système féodal : tandis que la France prend l'aspect d'une nation au sens moderne du mot, des villes, notamment italiennes, prospèrent qui vivent principalement de commerce. La figure même de l'intellectuel change alors : il reste un croyant, presque toujours un clerc, mais la vie contemplative des grandes abbayes ne lui suffit plus : il veut aussi comprendre le monde. Apparaît alors une race nouvelle de clercs qui vivent en ville et fréquentent ces institutions nouvelles que sont les universités (celle de Paris, la première à avoir un cursus complet, est fondée en 1200) où ils sont souvent professeurs. Ce sont eux, notamment saint Albert le Grand et saint Thomas d'Aquin son élève, qui seront les artisans du triomphe de l'Aristotélisme. Celui-ci, en effet, en offrant une philosophie qui invite les hommes à penser le réel de manière autonome, satisfait plus les nouvelles classes sociales « montantes » qui ne peuvent plus se contenter d'attendre leur salut dans le cadre immobile de la mystique féodale. Le moyen enfin de cette révolution intellectuelle sera l'arrivée en Occident, tant à travers leurs traductions arabes que grâce aux contacts noués avec l'Orient à l'occasion des croisades, de nombreux textes d'Aristote jusqu'alors inconnus. L'Église catholique, après une période de méfiance, accepte la philosophie aristotélicienne « christianisée » par saint Thomas d'Aquin (ce qu'on appellera la *scolastique*), et, pour plusieurs siècles, Aristote deviendra « le Philosophe » (c'est ainsi que saint Thomas le nomme dans ses commentaires) et « le maître de ceux qui savent ».

Mais contre cet Aristotélisme thomiste désormais prôné par l'Église, a lieu, au 15e siècle, d'abord en Italie, une offensive platonicienne de grande envergure. Là aussi l'afflux de textes encore inconnus des Occidentaux joue un rôle capital. Ces textes viennent de Byzance. Pour tenter de freiner son agonie face à la poussée turque, en effet, l'Empire byzantin s'efforce d'obtenir l'appui des Latins en comblant tout d'abord le fossé qui s'est creusé entre les chrétientés d'Orient et d'Occident depuis le schisme de 858. Ce fut donc le Concile de Ferrare et Florence de 1438 qui aboutit à une réconciliation sans lendemain des deux églises de Rome et de Constantinople. A peine quinze ans plus tard les Turcs s'empareront de Constantinople. A l'occasion du Concile de 1438 les dignitaires laïques et religieux byzantins amenèrent avec eux en Italie de nombreux philosophes et philologues qui initièrent les Latins aux lettres grecques notamment en leur communiquant des textes platoniciens et néo-platoniciens que ceux-ci ignoraient. Les intellectuels occidentaux trouvèrent dans ces textes une arme incomparable pour lutter contre un Aristotélisme figé dans le dogmatisme scolastique qui n'était plus capable de répondre aux besoins théoriques de l'époque. Il y eut, principalement à Florence, un tel engouement pour le Platonisme que Cosme de Médicis chargea le fameux traducteur et philosophe Marsile Ficin de refonder l'Académie platonicienne. Et de même qu'au 13e siècle une première révolution intellectuelle avait eu lieu en Occident au nom d'Aristote contre le Platonisme ambiant, de même la révolution scientifique de Copernic et Galilée se servira des outils intellectuels issus de la renaissance platonicienne du 15e siècle contre l'Aristotélisme officiel : « pour s'inspirer il (Copernic) retourne en arrière, derrière lui et derrière Aristote, vers l'âge d'or de Pythagore et de Platon » (A. Koyré, *Du monde clos à l'univers infini,* coll. « Idées » p. 45).

Passons rapidement sur les périodiques « remontées » de l'Aristotélisme notamment au début du 19e siècle qui vit souvent dans l'œuvre d'Aristote la préfiguration des recherches expérimentales que cette époque entendait mener. Le texte de Cuvier cité (cf. p. 72) en est une bonne illustration. Aujourd'hui, après une longue éclipse universitaire (Aristote était laissé à un petit nombre de spécialistes alors que régnait, surtout en France, la sainte trinité philosophique Platon-Descartes-Kant), le développement d'une étude plus rigoureuse des textes aristotéliciens d'une part, et la montée des « sciences humaines » d'autre part provoquent un regain d'intérêt pour le philosophe de Stagire. Plus que jamais il apparaît comme le soubassement de la pensée occidentale, et c'est plutôt dans ses textes que dans ceux de Platon que psychologues, sociologues, historiens et linguistes vont chercher les racines de leurs propres recherches.

II Place de la *Politique* dans l'œuvre d'Aristote

Problèmes autour de l'œuvre

Même si beaucoup de ses ouvrages ont été perdus, Aristote nous a laissé une œuvre considérable. En cela il est comparable à Platon, et tous deux se différencient des philosophes qui les ont précédés (Présocratiques) et qui les ont suivis (Stoïciens et Épicuriens) dont il ne nous reste que des fragments. Pourtant si l'on compare, en bloc, l'œuvre d'Aristote à celle de Platon, on peut faire quatre remarques.

1° La tradition rapporte qu'Aristote avait composé de nombreux dialogues à la manière platonicienne. Il ne nous en est parvenu que de rares fragments. Le corpus que nous avons aujourd'hui sous son nom se caractérise d'une part par la grande diversité des domaines abordés (physique, métaphysique, éthique, politique, sciences naturelles, poétique et rhétorique, logique, astronomie, psychologie...), d'autre part par une forme qui fait penser à des notes de cours, avec çà et là quelques passages qui semblent avoir bénéficié d'un soin particulier dans leur rédaction.

2° Contrairement à Platon, il se pose pour Aristote un problème global et partiel d'authenticité des œuvres que la tradition lui prête. Alors que les interprètes platoniciens s'accordent à peu de choses près sur l'authenticité des dialogues de Platon, on a pu soutenir il y a quelques années que l'ensemble du corpus aristotélicien était l'œuvre d'un autre qu'Aristote. D'autre part, les discussions demeurent vives entre interprètes sur l'authenticité de certains traités d'Aristote ou, à l'intérieur de traités tenus pour authentiques, de certains chapitres.

3° Alors que la chronologie des œuvres de Platon peut être considérée comme établie dans ses grandes lignes, celle des œuvres d'Aristote n'est absolument pas établie, et l'on peut s'attendre, dans les années qui viennent, au bouleversement de certaines conceptions qui ont cours aujourd'hui.

4° Enfin il y a, à l'intérieur de l'œuvre d'Aristote elle-même, une différence entre les récits dits « ésotériques ».et ceux qui sont dits « exotériques ». Cette distinction est opérée par Aristote lui-même : ainsi la retrouve-t-on dans notre texte (chapitre V, § 4). Mais, malheureusement, il faut reconnaitre, malgré les tentatives ingénieuses d'un certain nombre de commentateurs, anciens comme modernes, que nous ne savons pas quel sens exact donner à cette distinction. Il semblerait *qu'au moins dans certains cas,* le qualificatif d'« exotérique » s'applique à des exposés destinés à un public plus large que celui d'étudiants et de spécialistes auquel le maître s'adresse d'ordinaire ; seraient alors « ésotériques » les traités plus techniques pour la compréhension desquels une simple culture générale est insuffisante.

Toutes ces incertitudes pèsent sur le texte d'Aristote que la tradition nous a légué sous le titre de la *Politique,* ou plutôt les *Politiques.* Cet ouvrage apparemment inachevé, soit qu'Aristote ne l'ait jamais terminé, soit que la fin en soit perdue, n'a pas en effet l'unité d'un traité comme la *République* de Platon. Il se présente plutôt sous la forme de livres plus ou moins indépendants. La division en huit livres est sans doute postérieure à Aristote, mais n'est pas arbitraire.

Plan général de la *Politique*

Le livre I, que nous éditons ici, traite des rapports élémentaires de la vie politique, les rapports à l'intérieur de la famille : relations entre maître et esclave, entre époux, entre parents et enfants, ainsi que de l'administration domestique.

Le livre II examine différentes formes, théoriques et pratiques, de constitutions imaginées par les prédécesseurs d'Aristote ou mises en application par certains peuples.

Le livre III est un livre de théorie politique au sens strict : construction du concept de citoyen et de cité, d'où sont déduites les six formes possibles de constitution : monarchie et tyrannie, aristocratie et oligarchie, démocratie et démagogie.

Les livres IV à VI sont parfois nommés par les commentateurs les « livres réalistes » de la *Politique.* Aristote y examine le fonctionnement réel des sociétés politiques en ce qu'elles ne sont jamais des types « purs », mais toujours des « mixtes » qui combinent plusieurs constitutions. Le livre V contient notamment une théorie des bouleversements sociaux et des révolutions mais qui est toujours illustrée d'études concrètes. Certains renvois internes laissent penser que ces trois livres formaient un tout dès l'époque d'Aristote.

Les livres VII et VIII traitent principalement de la « cité idéale », ce qui fait que certains interprètes les ont considérés comme chronologiquement antérieurs au reste de la *Politique,* parce qu'ils seraient de facture « plus platonicienne » que le reste. Mais cet argument reste faible, nous allons le voir.

Des très nombreuses tentatives qui ont été faites pour ordonner chronologiquement les livres de la *Politique,* nous devons surtout retenir l'incertitude des fondements sur lesquels elles reposent. L'hypothèse la plus vraisemblable est celle d'une synthèse, peut-être faite par des disciples après la mort d'Aristote, des travaux de dates différentes. Notons tout de même qu'au livre V (10, 1311b1) il est fait allusion à un complot de Pausanias contre Philippe qui eut lieu en 336 : le texte d'Aristote qui semble en parler comme d'un événement passé depuis assez longtemps montrerait donc, s'il ne s'agit pas d'une retouche ultérieure, que la composition de ce passage se situerait à la fin de la carrière d'Aristote.

La *Politique :* un ouvrage normatif et positif

S'il fallait résumer le caractère de la *Politique* en deux adjectifs, on pourrait dire que c'est un ouvrage à la fois — et tour à tour — *positif* et *normatif.*

La normativité est en effet de règle dans tous les ouvrages politiques de l'Antiquité : en fin de compte les philosophes entendent mettre la spéculation théorique au service de la pratique et donner des conseils ou des recettes pour parvenir à la meilleure société possible. Cela différencie nettement la philosophie politique antique de la « science » politique moderne, du moins aux yeux de ceux qui ont la naïveté de croire que la « neutralité axiologique » affichée par nos politologues suffit à les préserver de toute intention normative...

Mais la *Politique* d'Aristote est aussi une tentative d'*analyse objective* de la réalité sociale. Et l'on peut même dire que s'il est dangereux de considérer les travaux zoologiques d'Aristote, par exemple, comme ceux d'un « précurseur » de la biologie moderne — car il s'agit de deux recherches radicalement différentes et dans leurs buts et dans leurs moyens —, il n'en est pas de même pour la *Politique* qui prend souvent l'aspect d'un ouvrage de sociologie ou d'anthropologie sociale au sens moderne de ces termes. Ceci est d'ailleurs peut-être dû au caractère scientifiquement mal assuré de nos « sciences sociales ».

Ce double caractère, normatif et positif, de la *Politique* ressort mieux encore quand on examine ce que l'on peut appeler les « sources » de cet ouvrage dans l'œuvre et la vie d'Aristote lui-même. Nous les classerons sous trois rubriques.

1° La *Politique* telle que nous la connaissons reprend d'abord des recherches menées par Aristote dans des ouvrages antérieurs dont il ne nous reste presque rien. La plupart de ces œuvres « de jeunesse » ont été composées dans une atmosphère plus « platonicienne », encore que l'image d'un Aristote s'éloignant *continûment* du Platonisme soit certainement fausse.

Ainsi dans le *Protreptique* (littéralement « l'exhortation »), Aristote reprend l'un des thèmes les plus en vogue chez les penseurs des 5e et 4e siècles : l'opposition des vies contemplative et pratique, la première ne cherchant de satisfaction que dans le pur exercice de la pensée, la seconde invitant l'homme à se tourner vers les activités « dignes d'un homme libre », c'est-à-dire principalement la politique. Aristote donne alors la prééminence à la vie contemplative mais, en bon platonicien, il appelle de ses vœux l'union dans un même homme de la philosophie et du pouvoir politique : c'est pourquoi son ouvrage est adressé au roi de Chypre, Thémison. Cette discussion sur les deux vies sera reprise à la fin de la *Politique.*

Il est d'autres ouvrages du « jeune » Aristote consacrés à ou traitant de la politique : le *Politique,* le *Sophiste,* le dialogue *Sur la justice* dont nous reparlerons, *Sur l'éducation, Sur la noblesse...*

D'une manière générale, on retrouvera une partie de l'inspiration de ces ouvrages, écrits sous l'influence platonicienne, dans l'aspect normatif de la *Politique* définitive signalé plus haut.

2° Mais il faut abandonner l'image simpliste d'un Aristote se convertissant à une sorte de positivité en abandonnant — et parce qu'il abandonne — le Platonisme. Dès le moment où il était l'élève de Platon, Aristote avait commencé d'amasser, *sous la direction de son maître,* les très importants matériaux qui, en donnant une exceptionnelle base documentaire à la *Politique,* en feront aussi un ouvrage scientifique en un sens quasi moderne. Car notre perception de l'Académie est faussée par un déséquilibre textuel flagrant : à côté de l'important corpus des œuvres écrites de Platon, il ne nous reste pratiquement plus rien, non seulement des successeurs du maître ni de ses disciples (excepté Aristote), mais aussi de l'enseignement oral dispensé à l'Académie du temps de Platon. Pourtant des témoignages externes nous amènent à penser qu'il existait au sein de l'école platonicienne une tendance à la fois encyclopédique et « empiriste », que reprendra le Lycée et qui trouvera son achèvement avec ce qu'il faut appeler l'Université d'Alexandrie, avec ses laboratoires, salles de cours, musées, cabinets d'histoire naturelle... et surtout sa prodigieuse bibliothèque.

C'est ainsi qu'Aristote, à la tête d'une équipe de chercheurs — et il ne faut jamais oublier de voir à la base de tous les travaux d'Aristote un travail *collectif —,* entreprit de réunir d'immenses collections de faits : collection de proverbes, collection d'us et coutumes des différents peuples, et surtout collection de 158 constitutions de cités ou peuples tant grecs que barbares. De cette dernière collection il ne nous reste que la *Constitution des Athéniens* découverte récemment (publiée en 1891) sur un papyrus du British Museum, au dos des comptes d'un fermier du temps de Vespasien.

Il semble bien que, plus tard, Aristote conservera cette méthode de collecte en équipe des informations, notamment pour ses ouvrages traitant des sciences naturelles.

3° La troisième « source interne » de la *Politique* d'Aristote, c'est, enfin, l'expérience politique directe de celui-ci. Comme conseiller d'Hermias à Atarnée il a dû se trouver en face des réalités et des contraintes du pouvoir politique. Enfin on imagine difficilement que le précepteur d'Alexandre ne se soit pas posé le problème des répercussions réelles de ses conseils.

III La *Politique* dans son contexte historique

Le fait historique le plus remarquable, qui, à travers le temps et l'espace, caractérise l'aire culturelle grecque, c'est le surgissement de cette forme d'État sans équivalent ailleurs que fut la cité *(polis).* Quant au fait socio-économique le plus massif du monde antique, c'est évidemment l'esclavage, puisque, pour autant qu'on le sache avec assez d'exactitude, il semble que, dans de nombreuses cités, la population servile était largement majoritaire. Or de ces deux faits la *Politique* est, dans l'Antiquité, *le seul ouvrage* que nous ayons qui tente de donner une analyse théorique. Même si la possibilité demeure de la perte de textes importants, cette constatation ne laisse pas de surprendre.

Le livre I de la *Politique* traite successivement de la cité (même si la véritable analyse théorique n'en est faite qu'au livre III), de l'esclavage, et des transformations sociales qui sont étroitement liées aux formes nouvelles que vont prendre la cité et l'esclavage, transformations qui se marquaient par l'apparition d'une répartition et d'une fonction nouvelles des richesses.

□ 1. ARISTOTE ET LA CITÉ

L'analyse de la *polis* a souvent été faite (voir bibliographie), mais nous n'avons pas gardé de trace d'une telle analyse chez les Anciens eux-mêmes. Thucydide nous a conservé, dans le deuxième livre de son *Histoire de la guerre du Péloponnèse,* un éloge funèbre qu'aurait prononcé Périclès en l'honneur des morts athéniens de la guerre, dans lequel il fait l'apologie du système politique démocratique d'Athènes en l'opposant aux autres systèmes politiques. Ce texte est inestimable pour l'analyse moderne, notamment en ce qu'il reflète l'idéologie d'une partie importante des intellectuels et des hommes politiques de l'époque, mais il n'est pas une analyse de la réalité sociale de la *polis.* De même la *République* ou les *Lois* de Platon portent bien la marque d'un auteur vivant au sein d'une *polis,* mais ne proposent aucune réflexion sur la cité réellement existante.

Avec Aristote arrivent à la fois la théorie et la fin de la *polis.* Les historiens ont tenté de montrer en quoi le 4e siècle avait vu la « décadence » de la cité grecque. Nous reparlerons plus bas de la corruption interne de la démocratie, mais notons ici deux fautes de perspective communes à presque tous les historiens : d'abord ils ont tendance à étendre à toute la Grèce ce que nous savons sur Athènes — nous avons effectivement beaucoup plus de documents sur Athènes que sur les autres cités ou peuples, mais l'absence de documents n'entraîne pas l'absence d'histoire —, et, en parlant de la « décadence », ils ont tendance à oublier ce fait bien mis en relief par P. Vidal-Naquet que, depuis sa fondation, la *polis,* équilibre fragile de tendances et de pouvoirs, a *toujours* été en crise.

Pourtant, si nous pouvons dater la fin de la cité grecque, c'est parce qu'une force *externe* à la cité est venu abolir cette forme d'organisation sociale et politique. Même si la *polis* survit nominalement encore quelques temps, on peut considérer qu'après la victoire de Philippe de Macédoine à Chéronée (338) sur l'alliance des Thébains et des Athéniens, l'ère de la cité se termine pour faire place à l'ère des grandes monarchies centralisées. Ainsi vont surgir d'abord l'immense empire d'Alexandre, puis, après sa mort, de grands royaumes comme ceux de Macédoine et Grèce, de Syrie, d'Égypte.

Or c'est Aristote, non seulement contemporain de la fin de la *polis,* mais aussi d'une certaine manière agent de cette fin (en ce qu'il était lié aux intérêts du royaume de Macédoine qui abolit la cité), qui entreprend le premier, à notre connaissance, d'en faire la théorie. Et, chose plus remarquable encore, il n'a pas conscience de faire œuvre d'*historien :* il ne parle pas de la *polis* comme d'une réalité abolie ou en train de disparaître, mais comme de la communauté humaine parfaite, seul cadre possible d'une vie réellement heureuse. Dans un passage fameux de la préface aux *Principes de la philosophie du droit,* Hegel remarquait que « la philosophie vient toujours trop tard. En tant que pensée du monde, elle apparaît seulement lorsque la réalité a accompli et terminé son processus de formation. (...) Ce n'est qu'au début du crépuscule que la chouette de Minerve prend son vol ». Aristote va plus loin encore que ne le dit Hegel : il voit dans la *polis* la *forme d'avenir* indépassable de l'association humaine, alors qu'elle disparaît sous ses yeux de la scène de l'histoire.

□ 2. L'ESCLAVAGE

Dans un livre récent, *Esclavage antique et idéologie moderne,* M.I. Finley a montré combien les études modernes et contemporaines avaient à la fois minimisé et travesti la réalité de l'esclavage en Grèce. Et Finley remet à leur place, c'est-à-dire dans la catégorie des mensonges, la légende forgée par les « humanistes » occidentaux selon laquelle les Grecs auraient pratiqué une forme « douce » d'esclavage, en accord avec l'image que nous aimons nous faire d'eux, d'hommes libres et cultivés. L'esclavage était la base du système grec de production, et comme tel il était une des conditions de possibilité de la culture grecque. Rappelons, après Finley, que les esclaves ne forment pas tant une classe sociale (car leur statut est très variable) qu'une « classe logique et juridique » que l'on peut définir par l'addition de trois caractères : d'abord l'esclave est non pas seulement possession de fait de son maître mais il est sa *propriété* juridiquement reconnue; ensuite la relation maître-esclave est unilatérale en ce que des « droits » n'existent pour l'esclave que dans la mesure où et aussi longtemps que son maître veut bien lui en reconnaître; enfin l'esclave reste, au sein de la famille et de la cité un *étranger* en ce qu'il est exclu des liens de parenté reconnus : on ne lui reconnaît pas l'accès à un mariage légal, et si son maître le laisse vivre « en famille » ce n'est là qu'un privilège précaire et révocable (les « familles » d'esclaves sont d'ailleurs souvent dispersées lors des ventes).

Finley insiste aussi fortement sur le fait que, dans l'Antiquité, même tardive, on ne trouve aucune mise en cause du système esclavagiste : les moralistes, notamment stoïciens comme Sénèque, prêchent la *modération* à l'égard des esclaves (et le plus souvent non pour améliorer le sort des esclaves mais parce qu'il estiment qu'il est indigne pour l'homme libre de se mettre en colère...). Quant aux chrétiens, ils n'ont pas remis en question l'institution de l'esclavage.

Pourtant une contestation *sur le fond* de l'esclavage existait dans l'Athènes du 4e siècle avant J. -C. Nous le savons par – et nous ne le savons que par – notre texte d'Aristote. Texte exceptionnel donc, à tous les sens du terme : « la seule tentative antique subsistante d'une analyse de l'esclavage » reconnaît Finley. Nul doute que cette analyse ne soit finalement « idéologique » au sens marxiste du terme, puisqu'elle prétend justifier, en la fondant sur des différences *naturelles* entre individus, la pratique de l'esclavage. Mais j'ai cru pouvoir avancer (voir document annexe p. 79) l'hypothèse que l'esclavage que défend Aristote n'est pas celui du « mode de production esclavagiste » de son époque mais un esclavage archaïque qui a existé dans presque toutes les sociétés, même les sociétés sans État, et que des anthropologues nomment l'*esclavage lignager.* Dans ce type d'esclavage, l'esclave est bien étranger au lignage qui le possède et qui l'acquiert par la force (capture, achat), mais il est peu à peu, sinon lui du moins ses descendants, intégré à ce lignage par mariage légitime. Dans les sociétés esclavagistes lignagères le nombre d'esclaves reste faible et l'idéologie dominante y donne une image *paternaliste* des rapports maître-esclave, ce que nous retrouvons dans le texte d'Aristote.

☐ 3. BON ET MAUVAIS USAGE DES RICHESSES

Le livre I de la *Politique* révèle aussi chez Aristote une conscience aiguë des transformations sociales de son époque à travers la description qu'il fait de la constitution d'une couche de nouveaux riches : il entreprend l'examen de cette question à partir du chapitre VIII.

Pour ne pas aborder le texte aristotélicien dans une mauvaise perspective, il faut bien comprendre que, pour l'auteur, l'enjeu du débat n'est ni économique ni politique, mais *éthique,* et se situe à l'intérieur d'une querelle philosophique de l'époque qui tournait autour de la question de l'attitude que le philosophe devait avoir face aux biens matériels.

Toute la spéculation philosophique et morale des Grecs tourne autour des notions de liberté et de libération. Un accord quasi général s'était établi en Grèce sur l'idée selon laquelle la condition essentielle du bonheur c'est la non-dépendance, tant au niveau des individus que des communautés humaines. C'est cette non-dépendance que les philosophes en général, et Aristote en particulier, appellent l'*autarcie,* étymologiquement : le fait de se gouverner soi-même. Il faut noter le caractère entièrement fantasmatique de cet idéal grec d'autarcie : pour l'individu l'indépendance par rapport au groupe ne peut guère demeurer qu'un rêve, et il en est largement de même pour la *polis.* L'indépendance pour la cité ne peut en effet appartenir qu'au domaine du désir ou du passé mythique tant elle a besoin des approvisionnements extérieurs en vivres et en hommes (esclaves : toute société esclavagiste suppose d'ailleurs un monde extérieur à elle dans lequel elle prélève sa force de travail). D'où l'impérialisme athénien ou l'hégémonisme spartiate.

Quoi qu'il en soit, une fois les penseurs d'accord sur le but, les divergences apparaissaient à propos des moyens pour atteindre le but. Ainsi pour se libérer de la tyrannie du besoin, les Cyniques comme Diogène sont partisans de la suppression des besoins. Poussée jusqu'à ses extrêmes conséquences cette position amène les Cyniques, qui avaient bien reconnu la nature sociale et historiquement déterminée de nos besoins, à soutenir un abandon de la culture et un « retour » à la nature. D'où, par exemple, leurs prises de position en faveur de l'anthropophagie et de l'inceste. Aristote pense au contraire qu'on ne peut se libérer des contraintes matérielles qu'en s'en déchargeant sur d'autres. Car pour Aristote le luxe et le dénuement sont tous deux des entraves à la seule vie vraiment humaine : celle du citoyen libre qui s'adonne à la gymnastique, la politique et la philosophie. Si bien que le recours au travail servile demeure la meilleure solution quand on ne lui demande que ce qu'il faut lui demander : une juste satisfaction des besoins du citoyen qui lui laisse la libre disposition de son temps.

Or, autour de lui Aristote devait voir bien peu d'hommes libres adhérer à ces valeurs, et beaucoup au contraire, s'efforcer d'augmenter leur richesse par tous les moyens. Ainsi l'acquisition de biens matériels qui devait être un *moyen* de mener la vie philosophique et politique du véritable homme libre, devient la *fin* de la vie du spéculateur. Et le portrait de l'*homme chrématistique* par Aristote a plus d'un trait commun avec celui du capitaliste par Marx : le seul usage qu'il fasse de ses richesses c'est de leur faire produire des richesses.

Mais il n'y a chez Aristote ni condamnation morale des « vices » du spéculateur — ou du moins cette condamnation reste très secondaire —, ni condamnation sociale de ses pratiques et notamment de l'exploitation de plus en plus féroce qu'il est obligé d'exercer sur ceux qui travaillent pour lui s'il veut augmenter sa fortune le plus possible. La désapprobation qu'Aristote montre à l'endroit de la spéculation est avant tout *la dénonciation d'une erreur* principalement préjudiciable à ceux qui la commettent. En prenant le moyen — l'acquisition des biens — pour une fin le spéculateur manque le but pour lequel il devait vivre : l'épanouissement dans une vie pleinement humaine. Il y a dans la position d'Aristote un reste de la position de Socrate pour qui le méchant se faisait d'abord tort à lui-même et devait être considéré comme un malade qu'il fallait soigner.

Enfin dans le livre I, Aristote ne se préoccupe pas des répercussions politiques du surgissement de cette couche sociale de nouveaux riches, et notamment de la « corruption » des règles de fonctionnement démocratique de la cité qu'il va apporter. Mais cet aspect des choses ne lui a pas échappé et il en traite à plusieurs reprises, notamment dans son traité de politique « réaliste » que constituent les livres IV à VI.

Repères chronologiques

	Autour d'Aristote		Vie d'Aristote
399	Mort de Socrate		
397	*Histoire de la guerre du Péloponèse* de Thucydide		
390	Prise de Rome par les Gaulois		
389	Premier voyage de Platon à Syracuse		
387	Platon fonde l'Académie		
384	Naissance de Démosthène	384	Naissance à Stagire
359	Philippe régent puis roi de Macédoine	367	Arrivée à Athènes
351	Première *Philippique* de Démosthène	348	Quitte Athènes pour Atarnée
347	Première ambassade athénienne auprès de Philippe. Mort de Platon		
346	Deuxième ambassade athénienne	345	Départ pour Mythilène
342	Reconquête de l'Égypte par les Perses	343-340	Préceptorat d'Alexandre
341	Naissance d'Épicure		
340	Alexandre régent du royaume de Macédoine		
338	Victoire de Philippe à Chéronée sur l'alliance Athènes-Thèbes		
337	Philippe déclare la guerre à la Perse		
336	Assassinat de Philippe, avènement d'Alexandre	335	Fondation du Lycée
331	Fondation d'Alexandrie Bataille d'Arbèles : fin de la résistance perse		
323	Mort d'Alexandre, mort de Diogène le Cynique		
322	Mort de Démosthène	322	Fuite à Chalcis et mort

☐ ORIENTATIONS BIBLIOGRAPHIQUES

Cette rapide bibliographie ne prétend pas mentionner les meilleurs ouvrages sur la *Politique* d'Aristote. Son seul but est pédagogique : aider les professeurs à préparer et les élèves à compléter la lecture en classe du livre I de la *Politique*.

1° Le contexte historique et intellectuel

Voir les articles sur la « Grèce antique » dans l'*Encyclopedia universalis*. Notamment pour la réalité et les problèmes de la *polis :*

P. Vidal-Naquet, « Une civilisation de la parole politique ».

P. Vidal-Naquet et F. Châtelet, « La cité grecque ».

Moses I. Finley, *Démocratie antique et démocratie moderne* (précédé de « tradition de la démocratie grecque » par Pierre Vidal-Naquet), Petite coll. Payot.

Ouvrage utile pour tout débat sur la démocratie grecque : son analyse critique nous garde de l'hagiographie et ses comparaisons avec la pensée moderne de l'anachronisme.

Pour la rupture qu'a représentée l'époque d'Aristote, si l'on veut la saisir à travers la vie et l'œuvre d'un homme exceptionnel :

P. Cloché, *Alexandre le Grand,* coll. « Que sais-je? »

Pour comparer la *polis* avec ce qui l'a suivie et mieux comprendre la nouvelle société qui se met en place à l'époque d'Aristote :

P. Petit, *La civilisation hellénistique,* coll. « Que sais-je? »

2° Sur la vie et la philosophie d'Aristote

W. D. Ross, *Aristote*, traduction de J. Samuel, Paris, Londres, Gordon & Breach.

Traduction d'un livre paru en anglais en 1923, par un des grands aristotélisants du début du XXe siècle.

P. Aubenque, « Aristote et le Lycée » dans *Histoire de la philosophie*, Paris, Gallimard, coll. « Encyclopédie de la Pléiade » tome I, 1979.

3° Sur la *Politique*

a) Le texte :

Aristote, *Les Politiques*, traduction inédite, introduction, notes et index par Pierre Pellegrin, Paris, GF Flammarion, 1990.

b) Études générales :

R. Bodéüs, *Le philosophe et la cité. Recherches sur les rapports entre morale et politique dans la pensée d'Aristote*, Paris, Belles Lettres, 1982.

Livre important, mais réservé à qui veut s'intéresser de près au statut et à la destination des œuvres politiques et éthiques d'Aristote.

« Autour de la *Politique* d'Aristote » : numéro de la Revue KTEMA, *Civilisation de l'Orient, de la Grèce et de Rome antiques*, éditée par l'Université de Strasbourg, n°5 (1980).

Très intéressant recueil d'articles de P. Aubenque, E. Lévy, J. Bordes, J. Jouanna, O. Picard, P. Carlier.

Léo Strauss, *La cité et l'homme*, traduction et présentation d'O. Berrichon-Sedeyn, Paris, Agora, 1987.

c) Sur l'esclavage et la « chrématistique »

M. I. Finley, *Esclavage antique et idéologie moderne*, traduction D. Fourgous, Paris, éd. de Minuit, 1979.

Importante étude qui dénonce notamment les travestissements que la réalité de l'esclavage antique a subis au cours des siècles.

J. Brunschwig, « L'esclavage chez Aristote », *Cahiers philosophiques* publiés par le C. N. D. P., 1979.

V. Goldschmidt, « La théorie aristotélicienne de l'esclavage et sa méthode »,d'abord publié en 1973, repris dans *Études de philosophie ancienne*, Paris, Vrin, 1984.

Cf. plus bas chapitre V, note 1.

K. Polanyi, « Aristote découvre l'économie », dans K. Polanyi et C. Arensberg, *Les systèmes économiques dans l'histoire et dans la théorie*, traduction C. et A. Rivière, Paris, Larousse, 1975.

Pour comprendre le cadre et la portée de la critique aristotélicienne de la « chrématistique ».

4° Sur d'autres aspects de l'œuvre d'Aristote

Notre traduction avec ses notes montrent que le texte de la *Politique* fait appel à des concepts élaborés dans d'autres parties de l'œuvre d'Aristote. On peut en sélectionner trois principales :

a) *La « philosophie pratique »*

P. Aubenque, *La prudence chez Aristote,* Paris, P.U.F., 1963.

A travers l'étude d'une « vertu » particulière mais fondamentale, cet excellent ouvrage montre la conception qu'Aristote avait de l'action humaine et donc de la politique.

b) *La biologie*

C'est en biologie que notre texte va chercher le plus de concepts, comparaisons et principes.

P. Pellegrin, *La classification des animaux chez Aristote. Statut de la biologie et unité de l'aristotélisme,* Paris, Belles-Lettres, 1982.

c) *La logique et l'épistémologie*

G.-G. Granger, *La théorie aristotélicienne de la science,* Paris, éd. Aubier-Montaigne, 1976.

Livre difficile mais remarquable.

Aristote

Alexandre le Grand.

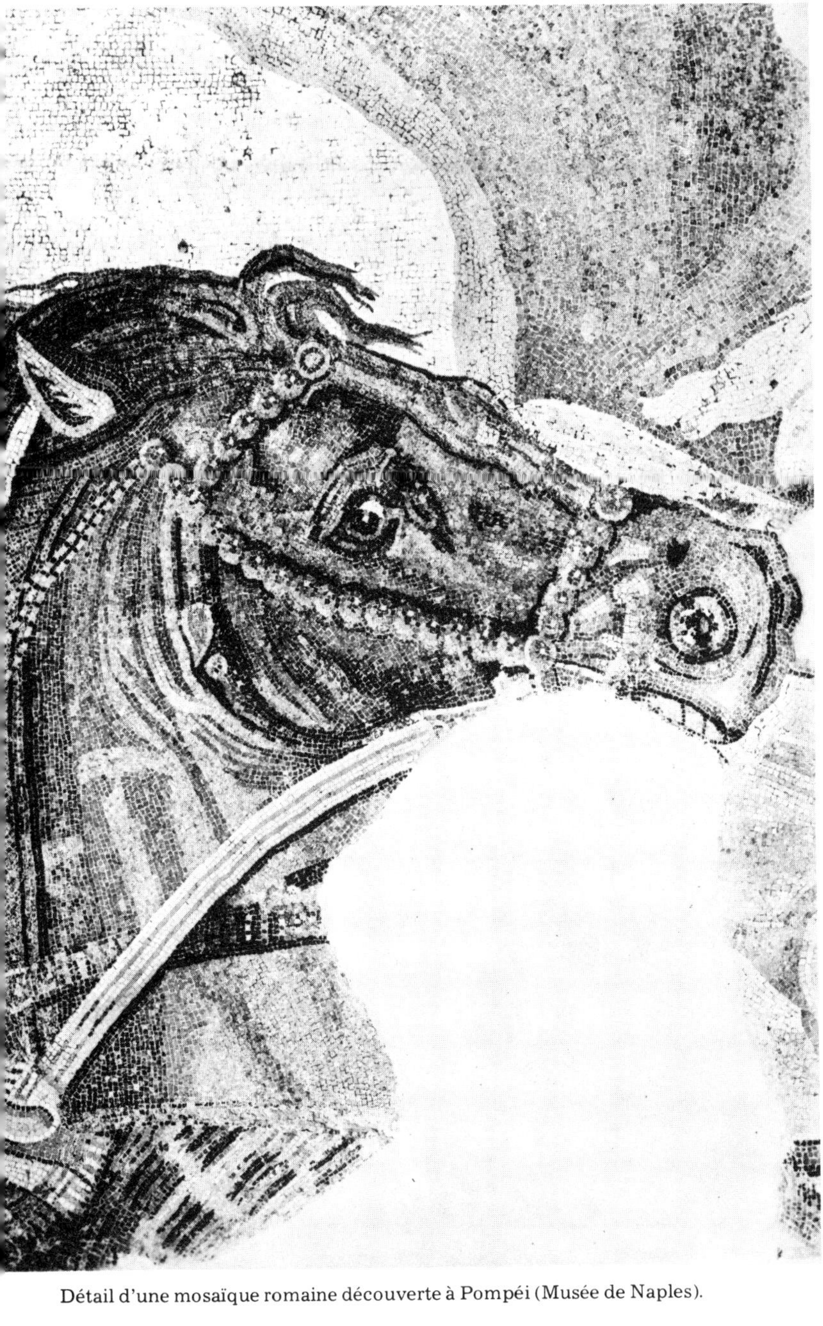

Détail d'une mosaïque romaine découverte à Pompéi (Musée de Naples).

Pella, capitale de la Macédoine et ville natale d'Alexandre le Grand - Ruines du Palais.

Démosthène, ennemi de la Macédoine et donc d'Aristote.

IV Résumé du livre I de la *Politique*

☐ 1re PARTIE : LA *POLIS* ET LES AUTRES COMMUNAUTÉS HUMAINES (chapitres I et II)

Aristote pose d'abord que la communauté parfaite c'est la *polis*. Puis, il engage une polémique contre ceux qui pensent qu'il n'y a qu'une différence de degré entre le pouvoir du magistrat dans la *polis*, du roi, du chef de famille et du maître d'esclaves (chapitre I).

On trouve dans le chapitre II une analyse génétique de la *polis :* Aristote y montre comment on passe de la communauté naturelle qu'est la famille, au village puis à la cité, forme parfaite de l'association humaine où l'individu trouve son accomplissement. L'homme est donc un « animal politique ».

☐ 2e PARTIE : ÉTUDE DE LA FAMILLE

1° Les relations de pouvoir qui constituent la famille (chapitre III)

La famille est traversée de trois relations hiérarchiques distinctes : maître-esclave, époux-épouse, père-enfant. Chacune devra être étudiée et distinguée des autres. Il faudra aussi, pour comprendre ce qu'est l'administration domestique *(économique),* s'intéresser à l'art d'acquérir les richesses *(chrématistique).*

2° Théorie de l'esclavage (chapitres IV à VII)

Aristote construit d'abord le concept d'esclave : en tant qu'il est propriété d'un autre homme, il est « instrument animé » à la disposition du chef de famille (chapitre IV). Puis il fonde sa théorie de l'*esclavage naturel* sur le principe hiérarchique qui régit l'univers entier : il est des êtres pour lesquels il est juste et avantageux d'obéir (chapitre V). Se faisant ensuite l'écho des débats qui agitaient l'intelligentsia de son époque, il tenta de réfuter la thèse selon laquelle l'esclavage serait purement conventionnel et ne serait fondé que sur un rapport de force accidentel et passager (chapitre VI). Revenant à sa notion d'esclave par nature Aristote indique enfin la meilleure façon d'utiliser ses esclaves : c'est encore de se décharger sur un intendant du soin de les diriger pour pouvoir se consacrer soi-même à la politique et à la philosophie (chapitre VII).

3° La gestion familiale : chrématistique et économique (chapitres VIII à XI)

Aristote établit que le chef de famille, s'il doit s'occuper de la gestion du patrimoine familial, n'est pas concerné, en tant que tel, par l'acquisition des biens. A ce propos Aristote dresse un vaste tableau des différents modes de vie tant chez l'homme que chez les animaux (chapitre VIII). Il distingue ensuite la *chrématistique,* spéculation qui ne vise qu'à procurer plus d'argent, de la gestion familiale (chapitre IX). D'où la distinction de l'homme d'État, du chef de famille et du commerçant-usurier (chapitre X). Suivent des considérations plus pratiques sur les différentes sortes de commerce, l'agriculture, les moyens de s'enrichir et notamment le monopole (chapitre XI).

4° Les autres rapports à l'intérieur de la famille (chapitres XII et XIII)

Ces deux derniers chapitres traitent assez rapidement des relations de pouvoir énumérées au début du livre I et qui ne sont pas la relation maître-esclave : le pouvoir du mari sur sa femme et du père sur ses enfants. Ils se terminent sur des considérations sur la « vertu » propre à chacun selon la fonction qu'il remplit dans la communauté familiale.

Page suivante ▶ Alors que la plupart des œuvres de Platon et d'Aristote nous ont été conservées par des manuscrits échelonnés entre le IXe et le XIIIe siècle, la *Politique* ne nous est connue qu'à partir de manuscrits nettement plus récents. Voici une page de l'un d'eux qui est conservé à la Bibliothèque nationale. Il date du XVe siècle.

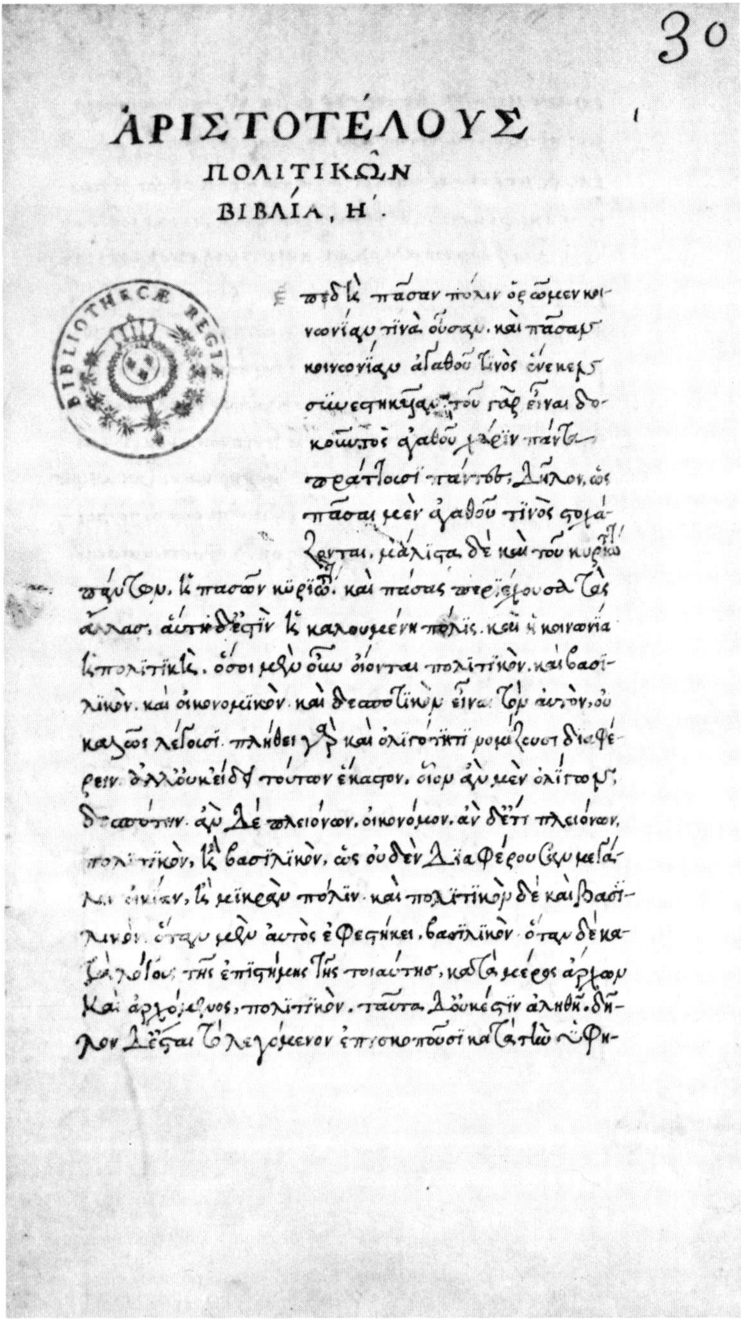

30

ἈΡΙΣΤΟΤΕΛΟΥΣ
ΠΟΛΙΤΙΚΩΝ
ΒΙΒΛΙΑ, Η'.

Ἐπειδὴ πᾶσαν πόλιν ὁρῶμεν κοι-
νωνίαν τινὰ οὖσαν. καὶ πᾶσαν
κοινωνίαν ἀγαθοῦ τινὸς ἕνεκεν
συνεστηκυῖαν· τοῦ γὰρ εἶναι δο-
κοῦντος ἀγαθοῦ χάριν πάντα
πράττουσι πάντες, δῆλον ὡς
πᾶσαι μὲν ἀγαθοῦ τινὸς στοχά-
ζονται. μάλιστα δὲ καὶ τοῦ κυριωτά-
του πάντων. ἡ πασῶν κυριωτάτη. καὶ πάσας περιέχουσα τὰς
ἄλλας. αὕτη δ' ἐστὶν ἡ καλουμένη πόλις. καὶ ἡ κοινωνία
ἡ πολιτική. ὅσοι μὲν οὖν οἴονται πολιτικὸν. καὶ βασι-
λικὸν. καὶ οἰκονομικὸν. καὶ δεσποτικὸν εἶναι τὸν αὐτόν, οὐ
καλῶς λέγουσι. πλήθει γὰρ καὶ ὀλιγότητι νομίζουσι διαφέ-
ρειν. ἀλλ' οὐκ εἴδει τούτων ἕκαστον. οἷον ἂν μὲν ὀλίγων,
δεσπότην. ἂν δὲ πλειόνων, οἰκονόμον. ἂν δ' ἔτι πλειόνων,
πολιτικόν, ἢ βασιλικόν, ὡς οὐδὲν διαφέρουσαν μεγά-
λην οἰκίαν, ἢ μικρὰν πόλιν. καὶ πολιτικὸν δὲ καὶ βασι-
λικόν. ὅταν μὲν αὐτὸς ἐφεστήκει, βασιλικόν. ὅταν δὲ κα-
τὰ λόγους τῆς ἐπιστήμης τῆς τοιαύτης, κατὰ μέρος ἄρχων
καὶ ἀρχόμενος, πολιτικόν. ταῦτα δ' οὐκ ἔστιν ἀληθῆ. δῆ-
λον δ' ἔσται τὸ λεγόμενον ἐπισκοποῦσι κατὰ τὴν ὑφη-

LA POLITIQUE

LIVRE I

La *Politique*, Livre I

Chapitre I

(1) Puisque toute cité[1], nous le voyons, est une certaine communauté, et que toute communauté a été constituée en vue d'un certain bien (car c'est en vue de ce qui leur semble le bien que tous les hommes font tout ce qu'ils font[2]), il est manifeste que toutes les communautés visent un certain bien et que, avant tout, vise le bien suprême entre tous celle qui est suprême entre toutes, c'est-à-dire celle qui contient toutes les autres. C'est celle qu'on appelle la cité ou communauté politique[3].

(2) Quant à ceux qui pensent que le pouvoir politique, royal, économique, despotique sont une seule et même chose, ils n'ont pas raison[4]. En effet ils considèrent chacune de ces formes comme différant les unes des autres selon le grand ou le petit nombre de gens concernés et non pas comme différant spécifiquement[5] : ainsi on serait « maître » quand on commanderait à peu de gens, le pouvoir économique s'exercerait sur un groupe plus important, et le pouvoir politique ou royal sur un groupe encore plus nombreux, comme s'il n'y avait pas de différence entre une grande famille et une petite cité. Pour ce qui est de la différence entre pouvoir politique et pouvoir royal, lorsqu'un homme gouverne lui-même le pouvoir serait royal, lorsqu'il l'exerce selon les règles de la science[6]

1. « Cité » traduit *polis* *, que certains rendent par « État » ce qui est trop large, d'autres par « cité-État » ce qui est trop lourd.

L'astérisque (*) renvoie au glossaire.

2. Il y a ici l'énoncé d'un principe de *psychologie subjective* qui laisse place à la possibilité de l'erreur : je peux mourir de la consommation d'un fruit qui me *semblait* bon. Mais selon Aristote il est possible d'établir le caractère droit ou pervers d'une tendance ou d'un désir individuel, puisqu'il existe des tendances *naturelles* (cf. *nature* *).

3. Ne pas oublier que nous traduisons par « cité » et par « politique » des mots qui, en grec, ont même étymologie. Remarquer la forme *syllogistique* de l'argumentation de ce premier paragraphe.

4. Mot à mot : « que le même homme est homme politique, royal, économique, despotique ». Tous ces termes seront désormais employés dans leur sens étymologique. « Politique » signifie qui se rapporte ou appartient à la cité *(polis)* ; « économique » : qui se rapporte à la famille (de *oikia*, famille) et plus particulièrement à l'administration des biens familiaux ; « despotique » : qui se rapporte au maître d'esclaves (*despotès*, maître d'esclaves).

L'attaque est ici dirigée contre Platon et peut-être contre Socrate lui-même, qui d'après Xénophon (Mémorables, III, 4, 12, 6, 14), soutenait qu'il n'y avait qu'une différence de quantité entre l'art de bien administrer sa famille et l'art de bien administrer la cité « qui se compose de plus de deux mille maisons ». L'enjeu de cette querelle est fondamental : Aristote trouve chez ses prédécesseurs une théorie abstraite et formelle du pouvoir défini comme la relation inégale et non réciproque d'un dominant et d'un dominé. En introduisant des différences spécifiques (voir note 5) entre les différents pouvoirs, il pose au contraire qu'ils ne sont pas pensables à travers les mêmes concepts et que, comme le dira Mao-Tsé-toung, les différentes contradictions sur lesquels ils reposent ne sont pas solubles par les mêmes méthodes. Il y a là comme l'acte de naissance d'une possible *anthropologie politique*.

5. Cf. *différence spécifique* *.

6. Cf. *science* *.

qui fait que l'on est tour à tour gouvernant et gouverné, son pouvoir serait politique[7]. Eh bien tout cela n'est pas vrai. (3) Et ceci deviendra évident pour peu qu'on examine la question selon la méthode que nous suivons d'ordinaire[8]. De même, en effet, que dans les autres domaines il est nécessaire de diviser le composé jusqu'à ses composantes élémentaires (c'est-à-dire les parties infimes du tout), de même aussi en considérant ce dont est formée la cité, nous verrons du même coup bien mieux en quoi les différentes sortes de pouvoir diffèrent les unes des autres, et s'il est possible d'acquérir de chacune de celles dont nous venons de parler une conception théorique[9].

Chapitre II

(1) Si donc nous examinons le développement des réalités à partir de leur origine, comme nous le faisons dans les autres domaines, il est possible, dans notre présent domaine aussi, d'en obtenir la conception la plus satisfaisante possible.

(2) Ainsi, il est tout d'abord nécessaire que s'unissent les êtres qui ne peuvent être l'un sans l'autre. Par exemple d'abord la femme et l'homme en vue de la reproduction (et il ne s'agit pas d'un choix délibéré, mais, comme dans le cas des autres animaux et des plantes, il y a là une tendance naturelle à laisser après soi un être autre mais semblable à soi[1]); second exemple : celui qui commande et celui qui est commandé, et ce par nature[2], en vue de leur mutuelle sauvegarde. En effet être capable de prévoir intellectuellement c'est avoir par nature la capacité de commander c'est-à-dire être maître par nature, mais être capable d'exécuter physiquement ce qui est commandé

7. Aristote condamne ici deux propositions :

1° les différents pouvoirs, du maître, du chef de famille, du roi, de l'homme politique, ne diffèrent que par la quantité des gens auxquels ils s'appliquent ;

2° la différence entre pouvoirs politique et royal c'est que dans celui-ci un seul gouverne et dans celui-là, selon les règles de la science politique, les citoyens sont tour à tour gouvernants et gouvernés.

La première proposition, qui reflète la position des platoniciens, est catégoriquement rejetée par Aristote. La seconde, par contre, est vraie, mais elle ne répond pas à la question posée : quelle *différence spécifique* * y a-t-il entre pouvoirs royal et politique ? Ce qui fait l'*essence* du gouvernement monarchique ce n'est pas vraiment l'unicité du souverain, mais, comme nous le verrons (12, 1259b14), le fait que le roi a une *nature* différente de celle de ses sujets. De même ce qui fait l'essence du pouvoir civique ce n'est pas tant l'alternance au pouvoir (qui peut d'ailleurs, suivant les constitutions, être plus ou moins large), mais le fait que ce pouvoir s'exerce par et sur des gens de même nature, c'est-à-dire, *fondamentalement*, malgré les différences de fortune ou de naissance, des *égaux*.

8. Cette méthode consiste à examiner *de quelles parties* la réalité que l'on doit étudier est composée. Ainsi dans ses études sur les animaux Aristote commence par en étudier les *parties* : c'est même à ce niveau que se situe pour lui une vraie zoologie plutôt qu'à celui de la description d'animaux réellement existants. Dans le cadre de la théorie aristotélicienne des quatre *causes* * cette étude correspond à celle de la *cause matérielle*.

9. Mot à mot « si l'on veut acquérir quelque chose de technique *(technikon)* ». Cf. *technè* * : Aristote se propose donc d'établir, à partir de cas particuliers, des relations universelles qui nous renseignent sur la *nature* des différentes relations de pouvoir qu'il étudie.

1. Pour Aristote la reproduction des êtres vivants leur permet d'imiter l'éternité des êtres divins. Cf. *sublunaire* *.

2. Cette distinction est particulièrement importante dans le domaine du commandement : certains pouvoirs sont conformes à la nature et d'autres contraires à la nature c'est-à-dire reposent sur la violence. Sur cette différence se fonde toute la théorie aristotélicienne de l'esclavage. Il faut remarquer que cette théorie est dès à présent posée en résumé, avant même la polémique et l'argumentation qui suivront. Certains expliqueront cette procédure par le caractère composite du texte de la *Politique* (notes pour enseigner et non ouvrage composé).

c'est être par nature destiné à être commandé et à être esclave ; c'est ce qui fait que maître et esclave ont même intérêt[3].

(3) Et c'est la nature qui a distingué la femme de l'esclave (car la nature ne fait rien chichement, comme le font pour leurs couteaux les forgerons de Delphes[4], mais elle fait une chose pour un seul usage ; car chaque instrument[5] n'accomplira au mieux sa tâche que s'il sert à un seul usage et non à plusieurs[6]). (4) Chez les barbares la femme et l'esclave ont même rang[7]. La cause en est que personne chez eux n'a par nature la capacité de commander, mais il s'établit entre eux une association qui est celle d'une esclave et d'un esclave. Aussi les poètes disent-ils :

« il convient que les Hellènes commandent aux [barbares »[8],

comme si étaient identiques par nature barbare et esclave[9].

(5) Les deux communautés dont il vient d'être question constituent la famille élémentaire[10] et c'est à juste titre qu'Hésiode a dit dans un poème :

« d'abord une maison, une femme, un bœuf de [labour »[11],

car le bœuf tient lieu de serviteur aux pauvres. Donc la communauté construite conformément à la nature pour la vie quotidienne, dont les membres sont dits manger le même pain par Charondas, et manger à la même table par Épiménide de Crète[12] est la famille. Ensuite la communauté élémentaire formée de plusieurs familles en vue

3. Toute justification idéologique de l'oppression en vient tôt ou tard à dire que celle-ci profite aussi, en fin de compte, aux opprimés. Mais Aristote fait ailleurs une distinction capitale : « Bien qu'il soit vrai que l'esclave par nature et le maître par nature aient même intérêt, le pouvoir du maître ne s'en exerce pas moins dans l'intérêt du maître, et seulement par accident dans celui de l'esclave » (*Politique*, III, 6, 1278b3).

4. Pas d'interprétation sûre de cette allusion. Peut-être avait-on au sanctuaire de Delphes des couteaux qui servaient à toutes les opérations des sacrifices : mise à mort et découpage de la victime.

5. « Instrument » traduit « *organon* »*.

6. Il y a là la réaffirmation d'un *principe* qu'Aristote utilise notamment en biologie. De tels principes pourraient être dits « seconds » en ce qu'ils dépendent du grand principe de toute la « philosophie de la nature » (physique) d'Aristote, et donc de sa biologie (qui est une partie de la physique). Ce principe radical, de nature finaliste affirme que « la nature ne fait rien en vain et réalise toujours le meilleur des possibles ».

7. « Rang » traduit « *taxis* », terme qui indique une mise en ordre classificatoire (cf. « taxinomie ») ou hiérarchique.

8. Euripide, *Iphigénie à Aulis*, vers 1400.

9. C'était là le « sentiment commun » des Grecs, qui seul pouvait justifier la pratique générale qui était de recruter principalement la main-d'œuvre servile par la capture de non Grecs. On peut penser qu'en invoquant l'autorité d'Euripide, Aristote veut éviter de reprendre à son compte sans nuance ce « sentiment commun » : il en discutera plus bas (chap. V et VI). Notons qu'Euripide, du fait notamment de sa relative proximité chronologique, ne saurait avoir, pour les lecteurs et auditeurs d'Aristote, la même autorité que les grands ancêtres que sont Homère et Hésiode, cités par ailleurs.

10. La famille (littéralement « la maison »), qui se définit par la conjugaison des relations matrimoniale et servile est une réalité lignagère (cf. introduction p. 22). Une communauté qui n'inclurait pas ces deux relations ne pourrait être appelée famille, et les stades ultérieurs de la famille ne seront que des développements de ce stade initial.

11. Hésiode, *les Travaux et les jours*, vers 405.

12. Charondas de Catane (- 6e siècle) fut le législateur des cités fondées en Italie et Sicile par les Chalcidiens. Le législateur, qui donne à la cité le système de lois qui la fait accéder à la dignité de communauté politique, a une place de choix dans l'imaginaire grec. Aristote a été sensible à ce prestige : nous avons vu qu'il avait tenu à être le législateur de Stagire, sa ville natale, après sa reconstitution (cf. introduction p. 11). Épiménide était un devin crétois.

de satisfaire des besoins qui ne sont plus seulement quotidiens, c'est le village[13].

(6) Réalité absolument naturelle, le village semble être une colonie de la famille[14], et certains disent de ses membres qu'ils ont tété le même lait, et les appellent enfants et petits-enfants.

C'est aussi pourquoi à l'origine les cités avaient des rois, comme en ont encore aujourd'hui les peuplades[15]. Elles se sont en effet constituées de gens soumis à un roi, car toute famille est régie par le plus âgé, si bien qu'il en est de même des colonies de familles du fait de leurs liens de parenté. (7) Et c'est ce que dit Homère :

« chacun fait la loi pour ses enfants et ses femmes »[16].

Car les familles étaient dispersées : c'est ainsi que l'on vivait autrefois.

Et d'ailleurs, pour ce qui est des dieux, c'est pour cela que tout le monde prétend qu'ils ont un roi, parce que les hommes eux-mêmes ou bien sont encore[17] soumis à des rois, ou bien l'ont été à l'origine ; et de même que les hommes se les représentent à leur image, de même supposent-ils aux dieux une vie comparable à la leur[18].

(8) Quant à la communauté achevée formée de plusieurs villages c'est la cité, qui déjà atteint une sorte d'autarcie complète : sa genèse s'explique par les nécessités vitales, mais quand elle existe elle permet, en plus, une vie heureuse[19].

C'est pourquoi toute cité est naturelle, puisque le sont les premières communautés qui la constituent. Car elle est leur fin, et la nature est fin : car ce que chaque chose est une fois que sa genèse est complétement achevée, nous disons que c'est la nature de cette chose, ainsi pour un homme, un cheval, une famille[20]. (9) De plus le « ce

13. La formulation d'Aristote semblerait indiquer que c'est l'incapacité de la famille à satisfaire certains besoins qui rend le village nécessaire. Mais il n'est pas dit que la vie villageoise elle-même crée de nouveaux besoins. Le commentateur Barker pense que ces besoins nouveaux seraient d'ordre religieux et judiciaire : sur la place du village se tiendraient des cérémonies en l'honneur des dieux et siégerait le tribunal villageois. Cette interprétation est douteuse, car les « besoins » religieux et judiciaires invoqués par Barker sont produits par la vie villageoise et la supposent donc.

14. Il y a, en grec, une affinité étymologique entre famille *(oikia)* et colonie *(apoika)* que le français ne peut rendre. La colonie bien qu'elle soit une cité au développement autonome, garde avec sa « métropole » (c'est-à-dire la cité d'où sont partis ceux qui l'ont fondée) des liens culturels, mais aussi souvent économiques, religieux et institutionnels. Par ce rapprochement entre village et colonie Aristote semble vouloir signifier d'abord que famille et village sont des réalités de même nature, que ne sépare qu'une différence quantitative et non une différence spécifique, et d'autre part que le village est fondé par une décision réfléchie des familles qui éprouvent le besoin de s'unir au moins occasionnellement en vue de satisfaire certains besoins.

15. « Peuplades » traduit « *ethné* », pluriel de *ethnos* *.

16. *Odyssée*, IX, 114. La loi dont il s'agit ici n'est pas le *nomos* que les philosophes, et notamment les Sophistes, opposaient à la nature *(physis)*, mais de la *thémis*, loi morale et divine qui est « naturelle » et non pas établie arbitrairement par le vouloir humain. Pour Aristote les « peuplades » comme la famille se meuvent dans ce que Hegel appellera la sphère de la substance éthique.

17. Même ici l'interprétation évolutionniste (cf. *ethnos**) ne s'impose pas, bien qu'elle soit acceptable. Aristote dit en effet que tous les groupes humains ont commencé au même stade, mais il ne dit pas que tous soient destinés à parvenir à la cité.

18. Cette théorie « matérialiste » de la religion ne s'applique qu'à la religion populaire et n'empêche pas le philosophe d'être monothéiste. On trouve plusieurs fois chez Aristote des positions qui préfigurent l'évhémérisme.

19. Cf. *polis* *.

20. Il y a ici intrication de deux raisonnements qui joue sur l'ambiguïté, en grec comme en français, du terme « nature » :

1° la cité est naturelle parce que ses parties (famille, villages) sont des communautés naturelles :

en vue de quoi »[21] c'est-à-dire la fin, c'est le meilleur ; et l'autarcie est à la fois la fin et le meilleur.

Nous en déduisons qu'à l'évidence la cité fait partie des choses naturelles[22], et que l'homme est par nature un animal politique[23] ; si bien que celui qui vit hors cité, naturellement bien sûr et non par le hasard des circonstances[24], est soit un être dégradé, soit un être surhumain : il est comme celui qu'Homère injurie en ces termes :

« sans lignage, sans loi, sans foyer »[25]. (10) Car un tel homme est du même coup naturellement passionné de guerre. Il est comme une pièce isolée au jeu de tric-trac[26].

C'est pourquoi il est évident que l'homme est un animal politique, bien plus que n'importe quelle abeille ou n'importe quel animal grégaire. Car, nous le disons souvent, la nature ne fait rien en vain. Et seul parmi les animaux l'homme est doué de parole[27].

(11) Certes la voix sert à signifier la douleur et le plaisir, et c'est pourquoi on la rencontre chez les autres animaux (car leur nature s'est hissée jusqu'à la faculté de percevoir

« naturel » s'oppose alors à « contre-nature » ;

2° la cité est naturelle parce qu'elle est la nature de la communauté humaine, car la nature d'une chose c'est ce qu'elle est au terme de son développement normal. Cf. *nature* *.

21. Cette expression désigne ce que les interprètes de l'Aristotélisme appellent la *cause finale*. Cf. *cause* *.

22. L'affirmation, ici, de cette thèse présentée comme le résultat nouveau d'un raisonnement, alors qu'elle a déjà été posée plus haut, peut être considérée comme une preuve du caractère non définitivement rédigé de notre texte. On voit ainsi que celui-ci, dans l'état où il nous est parvenu, est fait de « couches » chronologiquement distinctes.

23. Ou plus exactement « animal civique », mais la formule est trop fameuse pour être impunément modifiée. Cela veut dire que l'homme a dans sa nature (cf. note 20) une tendance à vivre en cité, et que ceux qui ne vivent pas en cité n'ont pas entièrement réalisé le programme de leur nature humaine.

24. Cette remarque s'appuie encore sur la distinction « par nature », « contre-nature » ou « par force ». Ainsi l'exilé ou le naufragé ne perdent pas leur qualité d'animaux politiques.

25. *Iliade*, IX, 63.

26. Le texte est incertain mais le sens général est clair. Il y a, en filigrane de ce passage, l'opposition, fondamentale dans la pensée grecque, entre la juste mesure et ce qui dépasse la mesure *(hybris)*. En tant que réalité fondamentalement *humaine*, la cité est à la fois moyenne et équilibre. Le monde des humains est, en effet, moyen à la fois géographiquement entre les domaines des dieux célestes et des dieux infernaux, et ontologiquement entre les dieux surhumains et les vivants infra-humains, bêtes ou hommes non complètement réalisés. Par ailleurs la cité est équilibre des pouvoirs, comme la santé est équilibre des humeurs dans le corps. Hors de cet équilibre l'homme tombe sous la domination de la démesure, c'est-à-dire de la violence, comme le corps malade qui tombe sous la domination (monarchie) d'une humeur. Mais alors que dans la théorie hippocratique des quatre humeurs il y a plusieurs maladies possibles parce qu'il y a plusieurs humeurs qui peuvent « prendre le pouvoir » dans l'organisme, pour Aristote l'homme hors l'équilibre de la cité ne suit qu'une seule pente : la violence. Il est intéressant de remarquer qu'à l'intérieur même de la contre-nature (il est contre nature pour l'homme d'être hors cité) ressurgit la nature (dans cet état contre nature, l'homme est naturellement porté à la violence).

27. Explication finaliste : la nature a donné la parole à l'homme parce qu'il en a besoin pour mener une vie de citoyen ce qui est sa fin propre. Car si la voix *(phonè)* peut suffire pour communiquer, la parole *(logos)* est indispensable pour savoir *débattre*. Ainsi les esclaves, qui n'ont pas à délibérer à propos de ce qui est bien ou mal, mais à exécuter les ordres qu'on leur donne, n'ont-ils pas vraiment besoin de la parole.

Remarquons que pour Aristote, comme plus tard pour les empiristes du 18e siècle, les notions morales ont une origine « biologique » : de la perception du plaisir et de la douleur on passe à la nécessité de signifier l'utile et le nuisible. C'est ensuite par un travail d'élaboration de ces notions que l'homme parvient aux concepts moraux.

douleur et plaisir et de se les signifier mutuellement). Mais la parole existe en vue de manifester l'utile et le nuisible, puis aussi, par voie de conséquence, le juste et l'injuste. (12) C'est ce qui fait qu'il n'y a qu'une chose qui soit propre aux hommes et les sépare des autres animaux : la perception du bien et du mal, du juste et de l'injuste et autres notions de ce genre ; et avoir de telles notions en commun, voilà ce qui fait une famille et une cité.

De plus la cité est par nature antérieure à la famille et à chacun d'entre nous. (13) Car le tout est nécessairement antérieur à la partie[28] ; car si le tout est détruit il n'y a plus ni main ni pied, si ce n'est par homonymie, comme quand on parle d'un pied ou d'une main de pierre, car ils ne seront ainsi séparés du tout qu'après la mort, et toutes les choses se définissent par leur fonction et leur aptitude[29] ; si bien que quand elles n'ont rien conservé de ces propriétés, il ne faut pas dire que ce sont les mêmes choses, mais qu'elles n'ont de commun que le nom. (14) Que, donc, la cité soit à la fois naturelle et antérieure à chacun de ses membres, c'est évident. S'il est vrai, en effet, que chacun pris isolément n'est pas auto-suffisant, il sera dans la même situation que les autres parties vis-à-vis du tout. Aussi, celui qui ne peut pas appartenir à une communauté, ou qui n'en a nullement besoin du fait qu'il est auto-suffisant n'est en rien une partie d'une cité : par conséquent c'est soit une bête soit un dieu.

(15) C'est donc par nature qu'il y a chez tous les hommes une tendance à constituer une telle communauté ; il n'en est pas moins vrai que le premier qui la constitua fut cause des plus grands biens[30]. Car du fait même qu'un homme accompli est le meilleur des animaux[31], quand il a rompu avec la loi et la justice, il est le pire de tous. (16) Et la plus terrible des injustices est celle qui a des armes. Or l'homme vient au monde pourvu d'armes qui doivent le rendre sage et vertueux[32] ; mais il peut en user pour des fins absolument inverses. C'est pourquoi l'homme est tellement impie et féroce quand il est sans vertu et il est le pire des animaux dans ses dérèglements sexuels et gloutons. Et la vertu de justice appartient au domaine politique ; car c'est la notion de juste qui introduit un ordre dans la communauté politique, et le pouvoir judiciaire marque la frontière entre le juste et l'injuste[33].

28. Cf. *nature* *.

29. Quand il parle d'une « main par homonymie ». Aristote veut dire qu'une main de bois ou la main d'un cadavre n'ont de main que le nom parce qu'elles ne sont pas à même de remplir la fonction de la main.

30. Une tendance naturelle peut donc avoir besoin d'une force extérieure qui lui permette de se réaliser. Ici ce sont les héros fondateurs (cf. note 12). Ils ont été la cause motrice de la cité.

31. La biologie d'Aristote est *anthropocentrée*. On ne peut comprendre les vivants qu'à partir du schéma corporel de l'homme qui est « celui des animaux qui est le plus conforme à la nature » (traité de la *Marche des animaux*, 4, 706a19). Ceci n'est qu'un cas particulier de la règle selon laquelle la nature d'une réalité ne se révèle que dans la forme achevée de celle-ci (cf. note 20) : dans l'échelle des êtres, l'homme, vivant parfait, révèle la nature même du vivant.

32. Le texte est grammaticalement difficile. Ces armes sont peut-être les vertus morales qui découlent de la possession du langage. C'était un lieu commun de la littérature philosophique grecque que d'opposer l'homme nativement dépourvu de moyens aux animaux mieux pourvus, et de montrer la culture intellectuelle et technique comme étant un détour pour surmonter le handicap humain initial. Cf. par exemple, chez Platon le mythe du *Protagoras*, ou le traité hippocratique de l'*Ancienne médecine*.

33. Texte difficile et légère paraphrase.

Chapitre III

(1) Puisque nous savons clairement de quelles parties la cité est constituée, c'est nécessairement de l'administration familiale[1] qu'il faut parler d'abord : toute cité, en effet, est composée de familles. Or l'administration familiale est composée d'autant de parties que l'est, de son côté, la famille ; et la famille achevée est formée de membres esclaves et libres. Et puisqu'il faut commencer la recherche sur tout objet par l'examen de ses composantes élémentaires, et que les parties premières et élémentaires de la famille sont les couples maître-esclave, époux-épouse, père-enfants, il faudrait examiner ce que chacun d'eux est et comment il doit être[2]. (2) Autrement dit examiner le pouvoir du maître[3], du mari (l'union de l'homme et de la femme n'a pas de nom adéquat), et en troisième lieu du père, pouvoir qui lui non plus n'est pas désigné par un terme propre[4]. (3) Soient donc les trois relations de pouvoir que nous venons de dire. Il est aussi une autre partie à laquelle, selon certains, se réduit l'administration familiale elle-même, et qui, selon d'autres, en est la partie principale (il faudra voir ce qu'il en est), je veux parler de ce qu'on appelle la « chrématistique »[5].

Mais parlons d'abord du maître et de l'esclave, pour voir à la fois ce que cette relation apporte en ce qui concerne les besoins et les nécessités de la vie, et aussi si nous sommes en mesure d'apporter sur ce point à la théorie quelque chose de mieux que ce qui est soutenu à l'heure actuelle.

(4) Certains, en effet, croient qu'il existe une science, la science « despotique »[6], et que c'est la même chose que le pouvoir économique, despotique, politique et royal, comme nous l'avons dit en commençant[7]. Pour d'autres, au contraire, la domination du maître sur l'esclave est contre nature. Car disent-ils, c'est par convention[8] que tel est esclave et tel autre libre, mais par nature rien ne les différencie ; c'est pourquoi l'esclavage n'est pas juste, car il repose sur la force.

1. « Administration familiale » traduit « *oïkonomia* ».

2. Cette double question reflète bien les deux aspects positif et normatif de la recherche aristotélicienne, signalée en introduction (p. 17).

3. Littéralement le pouvoir « despotique », de *despotès* qui signifie « maître d'esclaves ».

4. Aristote désigne pourtant ces deux relations par deux termes qui paraissent propres. La relation mari-femme est dite « *gamique* » (du verbe *gamein*, épouser, prendre femme : ce terme ne s'emploie que pour l'homme) ; la relation père-enfant est dite « *teknopoïétique* » ou « *patrique* » selon les manuscrits, c'est-à-dire « qui concerne le fait de faire des enfants » dans le premier cas, et « paternelle » dans l'autre. Mais ces termes ne révèlent pas par eux-mêmes des relations de pouvoir comme le fait le terme « despotique ». Or ce sont les relations de pouvoir que nous étudions dans ce passage : ces termes sont donc inadéquats.

5. La *chrématistique* est l'art d'acquérir richesses et biens (du mot *chréma* qui, surtout au pluriel, désigne les biens matériels dont on peut avoir besoin). Les difficultés de ce concept seront exposées plus bas, à partir du chapitre VIII.
Ainsi Aristote a circonscrit son champ d'étude : il traitera des trois relations de pouvoir qu'il a énumérées et de la chrématistique. Il n'y a pourtant pas ici l'annonce d'un plan à proprement parler, puisque l'ordre d'étude sera différent : il traitera d'abord de l'esclavage jusqu'au chapitre VII inclus, puis de la chrématistique jusqu'au chapitre XI, des relations père-enfant et époux-épouse dans le chapitre XII, pour faire une sorte de conclusion générale sur les trois relations de pouvoir dans le chapitre XIII.

6. Cf. *science**. Pour « despotique », cf. ci-dessus note 3.

7. Il s'agit des mêmes gens (entre autres les Platoniciens) dénoncés au chapitre I. Ces mots, sans nous garantir que le texte que nous possédons est bien dans l'ordre voulu par Aristote, nous assurent au moins qu'il débute bien là où débutent nos manuscrits.

8. « Convention » traduit « *nomos* ». Cf. chapitre II, note 16.

Chapitre IV

(1) Puis donc que le patrimoine est une partie de la famille et que l'art de l'acquérir est une partie de l'administration familiale (car sans le nécessaire sont impossibles la vie et encore plus la vie heureuse); de même que les activités techniques spécialisées doivent avoir recours à des instruments appropriés si l'on veut que l'œuvre soit menée à bonne fin, de même en est-il pour tout ce qui touche à l'administration familiale; (2) d'autre part, les instruments sont soit inanimés soit animés, par exemple pour le pilote de navire le gouvernail est un instrument inanimé, mais le timonier est un instrument animé (car dans les activités techniques le serviteur entre dans la catégorie des instruments); de même un bien que l'on a acquis est un instrument[1] destiné à assurer la vie et le patrimoine familial est un ensemble d'instruments; or l'esclave est en quelque sorte un bien acquis qui est animé, si bien que tout serviteur est un instrument qui met en œuvre d'autres instruments[2].

(3) Si donc il était possible à chaque instrument parce qu'il en aurait reçu l'ordre ou par pressentiment de mener à bien son œuvre propre, comme on le dit des statues de Dédale ou des trépieds d'Héphaïstos qui, selon le poète, s'introduisaient de leur propre mouvement dans l'assemblée des dieux[3], ou si, pareillement, les navettes tissaient d'elles-mêmes et les plectres jouaient tous seuls de la cithare, alors les ingénieurs n'auraient pas besoin de serviteurs ni les maîtres d'esclaves.

(4) De plus on appelle instruments les instruments de production alors que le bien que l'on a acquis appartient à l'ordre de l'action. Car de la navette on tire autre chose que son propre usage, alors que de l'habit et du lit on ne tire que leur seul usage. De plus si la production et l'action diffèrent spécifiquement, et que toutes les deux ont besoin d'instruments il est nécessaire qu'il y ait entre eux la même différence spécifique[4]. (5) En outre la vie est action et non production. C'est pourquoi l'esclave est un serviteur destiné à l'action[5].

1. Le terme « *organon* »* dérive ici vers une signification si large (on pourrait le rendre par « moyen ») qu'Aristote éprouvera plus bas (§ 4) le besoin de rappeler qu'en son sens propre *l'organon* est instrument de production. Cf. note 4.

2. La traduction s'efforce de rendre le caractère cahotique de cette longue phrase. Le sens de l'expression « *organon pro organôn* » n'est pas sûr et a donné lieu à des controverses. *Pro* veut dire « avant » au sens propre ou figuré. Plusieurs interprétations ont été proposées : instrument tenant lieu d'autres instruments, instrument l'emportant sur les autres, instrument précédant les autres. Aucune n'est impossible. Dans un texte du traité des *Parties des animaux* (IV, 10, 687a21). Aristote emploie la même expression à propos de la main pour marquer la polyvalence de celle-ci : « la main semble être non pas un outil mais plusieurs ». Cependant on ne peut considérer l'esclave comme un instrument directement en contact avec la matière qu'il doit travailler : il est intermédiaire, idée qui est aussi contenue dans la préposition *pro* car en « descendant » de l'agent à l'œuvre, l'ouvrier se trouve en amont des outils qu'il met en œuvre. D'où la traduction proposée.

3. Homère, *Iliade*, XVIII, 376.
On a vu dans ce passage une anticipation par Aristote du développement du machinisme, ou au moins l'idée que seul ce développement apporterait une solution au problème de l'esclavage. D'un point de vue grammatical ce texte, écrit à l'irréel, peut aussi bien se lire comme exprimant quelque chose que l'auteur considère à tout jamais impossible, que comme constat que cette solution machiniste est impossible pour l'instant.

4. La différence entre production *(poïésis)* et action *(praxis)* a déjà été évoquée (cf. *science**). Ici elle est appliquée aux objets eux-mêmes.

5. Cette affirmation est très difficile à comprendre. Nous sommes tentés d'en déduire que pour Aristote l'activité des esclaves devait se cantonner à l'intérieur de la maison (ils auraient été ce que nous appelons aujourd'hui des « domestiques », mais pas des ouvriers agricoles ou non). Cette interprétation n'étant pas très satisfaisante, il est peut-être possible, à la lumière des travaux récents d'anthropologie sociale, d'en proposer une autre plus radicale. Cf. introduction p.21.

D'autre part on parle du bien acquis comme on parle de la partie : car la partie non seulement est partie d'autre chose, mais encore appartient totalement à cette autre chose. De même pour le bien acquis. C'est pourquoi le maître est seulement de l'esclave, mais n'est pas à l'esclave ; alors que l'esclave non seulement est esclave du maître, mais encore complètement à lui.

(6) Ce que sont donc la nature et la fonction[6] de l'esclave, voilà qui ressort clairement de ce qui a été dit. Car celui qui par nature ne s'appartient pas mais qui est l'homme d'un autre, celui-là est esclave par nature ; et est l'homme d'un autre celui qui, tout en étant un homme[7], est un bien acquis, et un bien acquis c'est un instrument[8] en vue de l'action et séparé de celui qui s'en sert.

Chapitre V

(1) A la suite de ces analyses voici les questions à examiner : existe-t-il ou non par nature des gens qui soient conformes au modèle que nous avons construit ; est-il meilleur et juste pour certains d'être esclaves, ou n'est-ce pas le cas, tout esclavage étant alors contre nature ?[1] La question n'est pas difficile : le raisonnement nous le montre aussi bien que les faits nous l'enseignent[2]. (2) Car commander et être commandé sont non seulement nécessaires mais utiles. Et c'est dès leur naissance qu'une distinction a été faite entre celui qui doit être commandé et celui qui doit commander. Et il existe de nombreuses façons de commander et d'être commandé ; et toujours le meilleur pouvoir est celui qui s'exerce sur les sujets les meilleurs : sur un homme, par exemple, plutôt que sur une bête ; (3) car l'œuvre la meilleure est accomplie par les meilleurs. Et dans tous les cas où l'un commande et

6. « Fonction » traduit « *dynamis* », qui dans le vocabulaire technique d'Aristote désigne la « puissance » par opposition à l'« acte » mais ce mot a ici un sens plus général.

7. Aristote ne nie donc pas l'humanité de l'esclavage. Peut-être faut-il voir dans cette incise la trace des débats contemporains d'Aristote sur l'esclavage et qui ressurgiront de manière plus aiguë plus bas : aux yeux de certains il devait être difficile, peut-être choquant, de vouloir concilier les caractères d'homme et de « bien acquis ».

8. « *Organon* » pourrait être traduit par « organe ». Aristote présente, en effet, l'esclave comme une *partie* de son maître, bien qu'il n'en soit pas une partie au sens biologique du terme. Il n'en reste pas moins qu'Aristote établit entre maître et esclave une sorte d'intimité où l'on peut voir la marque d'une idéologie lignagère (cf. introduction p. 21). Par une métaphore un peu semblable nous parlons des *membres* d'une communauté.

1. Victor Goldschmidt (cf. bibliographie) a noté combien était inhabituelle chez Aristote la méthode employée ici. Le chapitre précédent, en effet, a construit le concept de l'esclave par nature (« celui qui par nature ne s'appartient pas mais est l'homme d'un autre »). En un deuxième temps, dans ce chapitre V, Aristote va examiner s'il existe effectivement des hommes subsumables sous ce concept. Il faut néanmoins préciser qu'il ne s'agit pas de *constater* que tel ou tel individu présente une existence empirique conforme à ce concept, mais d'établir *a priori* la nécessité de l'existence de tels individus, notamment à partir de l'universalité de la relation de domination / subordination dans la nature.

2. Il ne s'agit pas de l'annonce d'un plan, comme l'ont cru certains interprètes, qui s'étonnent que ce plan ne soit pas suivi. Aristote affirme très fréquemment, notamment dans ses ouvrages biologiques, que les propositions vraies peuvent être établies par voie de raisonnement aussi bien que par le recours aux faits. Cependant le recours au seul raisonnement est dangereux, car la cohérence n'est pas un garant suffisant de vérité. (Ainsi Aristote juge que certains de ses prédécesseurs, comme les Éléates, tiennent des discours cohérents comme l'est le délire ; cf. traité de la *Génération et de la corruption*, I, 8, 325a17.) C'est ce genre de déclarations qui a amené certains commentateurs à tomber dans l'anachronisme qui fait d'Aristote le tenant d'une méthode quasi expérimentale.

l'autre est commandé, il y a une œuvre qui en résulte, la leur[3]. Car quand la réunion de plusieurs composantes produit une réalité unique, que ces composantes soient celles d'un tout organique ou soient séparées[4], dans tous les cas de ce genre se manifestent le commander et l'être commandé. (4) Et on retrouve ceci chez les êtres animés en vertu de l'ordonnance de la nature entière. Et même dans les réalités qui ne participent pas à la vie il y a une sorte de pouvoir, ainsi dans l'harmonie[5]. Mais cela relève probablement d'un examen trop éloigné de notre propos[6]. L'être vivant[7] est d'abord composé d'une âme et d'un corps, qui, par nature, sont voués celle-là à commander, celui-ci à être commandé. (5) D'autre part il faut examiner ce qui est « par nature » plutôt chez des êtres qui sont conformes à leur nature que chez ceux qui sont dégradés[8]. C'est pourquoi il faut considérer l'homme qui est dans la meilleure disposition possible aussi bien quant au corps que quant à l'âme : chez lui une telle subordination du corps à l'âme est évidente. Car chez les méchants ou chez ceux qui se comportent comme des méchants[9] il semblerait que souvent ce soit le corps qui commande à l'âme, mais c'est parce qu'ils sont dans un état défectueux et contre nature. (6) Ainsi donc, d'après nous, c'est d'abord chez l'homme en tant qu'animal que l'on peut voir un pouvoir despotique et politique. Car l'âme exerce un pouvoir despotique sur le corps, et l'intellect un pouvoir politique et royal sur le désir[10]. Dans ces conditions il est manifeste qu'il est à la fois conforme à la nature et

3. Rappelons que cette proposition n'est valable que dans le cas d'une domination *naturelle* : la domination, qui permet d'exploiter la complémentarité des aptitudes, est alors un moyen que la nature met en œuvre pour parvenir à ses fins.

4. L'opposition qu'Aristote a ici en vue est celle de l'être vivant qui se sert de ses membres, et d'une communauté humaine qui se sert aussi de ses « membres » qui sont alors dits « séparés » cf. chapitre IV, note 8.

5. Le sens exact de cette comparaison n'est pas clairement établi. Si Aristote parle de l'harmonie musicale, il veut peut-être dire que dans un octave, par exemple, toutes les notes sont sous la dépendance de la première d'entre elles qui détermine leur hauteur. Mais « harmonie » a peut-être un sens plus large, et fait alors allusion aux doctrines qui, comme le Pythagorisme, affirment que toutes les choses de l'univers sont des assemblages harmonieux et hiérarchisés d'éléments.

6. On peut aussi comprendre : « cela relèverait plutôt d'un exposé exotérique ». Sur la différence entre écrits ésotériques et exotériques, cf. introduction p. 16.

7. La suite montre qu'il s'agit, en fait, de l'homme.

8. Si tout être ne parvient pas toujours à l'état de perfection auquel la nature le destine, cela vient de l'imperfection du monde *sublunaire** dans lequel nous vivons.

9. On retrouve, derrière cette remarque, l'un des dilemmes de la pensée grecque : si la nature, et notamment la nature humaine, est bonne, et que la voix de la nature nous dit ce qu'il faut faire pour nous épanouir, comment les méchants sont-ils possibles ? D'où le « nul n'est méchant volontairement » de Socrate. Aristote résout partiellement le problème en disant que l'habitude peut engendrer des penchants qui arrivent à s'opposer victorieusement aux penchants naturels.

10. Ce n'est pas une partition « technique » de l'*âme** à laquelle Aristote se réfère, mais à une division entre intellect et désir. Comme certains ont trouvé à cette division des relents platoniciens, on a pu en conclure que le livre I de la *Politique* était un ouvrage ancien dans lequel Aristote n'était pas encore totalement dégagé de l'influence de l'Académie. Mais cet argument n'est pas très solide. En effet Aristote n'écrit pas ici un traité de psychologie et la distinction intellect / désir lui suffit pour son propos. Il faut d'ailleurs sans doute considérer cette distinction plutôt comme « commune » que comme platonicienne au sens technique du terme. Ce qu'Aristote veut dire c'est d'une part que le corps est « la chose » de l'âme parce que celle-ci domine absolument ; et d'autre part que la partie désirante de l'âme, si elle est soumise à sa partie intellectuelle, n'en garde pas moins une certaine autonomie. Dans les pouvoirs royal et politique le sujet est en effet indépendant du maître, ce que n'est pas l'esclave. Peut-être faut-il entendre que l'intellect exerce sur le désir « un pouvoir politique, et plus exactement royal ».

utile que le corps soit commandé par l'âme, et que la partie affective de l'âme le soit par l'intellect c'est-à-dire par la partie qui possède la raison, alors que les mettre sur un pied d'égalité ou intervertir leurs places est nuisible à tous.

(7) Le même rapport se retrouve entre l'homme et les autres animaux. D'une part les animaux domestiques sont d'une nature meilleure que les animaux sauvages, d'autre part le meilleur pour eux est d'être gouvernés par l'homme car ils y trouvent leur sauvegarde. De même le rapport entre mâle et femelle est un rapport entre plus fort et plus faible, c'est-à-dire entre commandant et commandé. Il en est nécessairement de même chez tous les hommes. (8) Ceux qui sont aussi éloignés des hommes libres que le corps l'est de l'âme, ou la bête de l'homme (et sont ainsi faits ceux dont l'activité consiste à se servir de leur corps, et dont c'est le meilleur parti qu'on puisse tirer), ceux-là sont par nature des esclaves; et pour eux être commandés par un maître est une bonne chose, si ce que nous avons dit plus haut est vrai. (9) Est en effet esclave par nature celui qui est destiné à être à un autre (et c'est pourquoi il est à un autre[11]) et qui n'a la raison en partage que dans la mesure où il la perçoit chez les autres mais ne la possède pas lui-même[12]. Quant aux autres animaux[13], ils ne perçoivent même pas la raison, mais sont asservis à leurs impressions. Mais dans l'utilisation il y a peu de différences : l'aide physique en vue d'accomplir les tâches nécessaires, on la demande aux deux, esclaves et animaux domestiques.

(10) Et la nature veut marquer dans les corps la différence entre hommes libres et esclaves : ceux-ci sont robustes, aptes aux travaux nécessaires, ceux-là ont le dos droit et sont inaptes à de telles besognes, mais aptes à la vie politique (qui se trouve elle-même partagée entre les tâches de la guerre et celles de la paix). Pourtant le contraire se rencontre aussi fréquemment : tels ont le corps d'hommes libres, tels autres en ont l'âme[14]. Car il est bien évident que s'il n'était besoin que du corps pour distinguer les hommes libres, comme c'est le cas pour les statues des dieux, tout le monde conviendrait que les autres hommes mériteraient d'être leurs esclaves. (11) Et si ce qui a été dit du corps est vrai, une telle distinction est encore plus juste appliquée à l'âme. Mais il n'est pas aussi facile d'apercevoir la beauté de l'âme que celle du corps.

Que donc par nature certains soient hommes libres et d'autres esclaves, c'est évident, et pour ceux-ci la condition servile est profitable et juste.

Au sens strict, en effet, le pouvoir politique se caractérise par l'alternance des gouvernants et des gouvernés alors qu'en monarchie il n'y a pas une telle alternance : c'est donc cette dernière comparaison qui convient le mieux à l'âme.

11. Cette incise a valeur de vérifications par les faits, cf. note 2. La conclusion des spéculations d'Aristote se trouve authentifiée par l'observation de ce qui existe réellement.

12. Une raison embryonnaire permet à l'esclave de *reconnaître* la rationalité chez son maître. On peut rapprocher ceci de l'affirmation d'Aristote selon laquelle les animaux ont des « traces » de facultés et d'états psychologiques qui ne se trouvent pleinement développés que chez l'homme (*Histoire des animaux*, VIII, 1, 588a19; IX, I, 608a4). Il en est de même des enfants (*Ibid.* VIII, 1, 588a33). L'esclave serait donc un « grand enfant », comme l'étaient, à l'époque contemporaine, les indigènes dans l'idéologie coloniale.

13. Il s'agit, comme le montre le contexte, des animaux autres que l'homme : Aristote ne revient pas ici sur sa position antérieure qui faisait de l'esclave un homme.

14. Passage d'interprétation difficile, mais le sens général est clair.

Chapitre VI

(1) Mais que ceux qui prétendent le contraire aient d'une certaine façon raison, ce n'est pas difficile à voir. Car les termes « être esclave » et « esclave » peuvent s'entendre de deux façons : il y a en effet[1] l'esclave et l'esclavage selon la loi. Cette loi repose sur une sorte d'accord général en vertu duquel les prises de guerre appartiennent aux vainqueurs. (2) Or beaucoup de juristes contestent que ce principe soit juste, comme ils le feraient en accusant un orateur d'illégalité[2], parce qu'il leur semble monstrueux que, parce qu'on a la faculté de faire violence quand on a une force supérieure, on fasse esclave et on soumette à son pouvoir celui qui est victime de cette violence. Cette thèse a ses partisans, tout comme la première, y compris parmi les sages.

(3) La cause de cette divergence, qui fait aussi que les arguments des deux camps ont un point commun, c'est que, d'une certaine façon, la vertu[3], quand elle en a les moyens, peut tout à fait employer la force, et que, d'un autre côté, le vainqueur est toujours, d'un certain point de vue, le meilleur, de sorte qu'il semble qu'il n'y a pas de force sans vertu. Si bien que c'est seulement sur la notion de « juste » que porte la divergence; (4) et ce du fait que certains pensent que la justice réside dans la bienveillance à l'égard d'autrui, alors que d'autres pensent que cette même justice c'est la domination du plus fort. Mises à part les thèses que nous venons d'exposer, les autres thèses n'ont aucune force persuasive, parce qu'elles refusent au meilleur selon la vertu le droit de gouverner et d'être le maître[4].

(5) D'autres, s'attachant aveuglément à une certaine conception du juste (pour eux, par définition, la loi c'est ce qui est juste), posent qu'est juste l'esclavage résultant du droit de la guerre ; mais, ce faisant ils nient leur propre thèse[5]. Car il peut arriver que l'origine des guerres soit injuste, et en aucun cas celui qui ne mérite pas la servitude ne peut être tenu pour esclave. Autrement, il arrivera aux gens reconnus les plus nobles d'être esclaves et enfants d'esclaves, s'il leur arrive d'être amenés au

1. S/e « outre l'esclavage par nature dont nous venons de parler ».

2. Dans les débats de l'agora chaque citoyen a le droit de porter une accusation d'illégalité *(graphè para nomon)* contre une mesure proposée par quelqu'un d'autre s'il estime que cette mesure va contre une loi déjà existante. Il faut rappeler qu'en principe, dans la démocratie athénienne, l'assemblée du peuple a tous les pouvoirs sauf celui d'abroger les lois existantes (comme peut le faire un parlement moderne) : pour symboliser la pérennité de ces lois on les gravait sur du marbre.

3. « Vertu » traduit « *aretè* »*.

Ce passage est difficile (comme tout ce chapitre) et a souvent été mal compris : Aristote y affirme bien que les deux thèses se recouvrent partiellement. Il emploie le même verbe *(épallatein)* qui lui sert en biologie à indiquer que deux familles animales se conjugent de manière inhabituelle dans un même animal : ainsi le porc est le seul animal à la fois multipare et solipède *(Génération des animaux*, IV, 6, 774b17*)*.

4. Aucune des interprétations qui ont été proposées de ce passage très difficile n'est satisfaisante. Celle qui est ici avancée (et qu'avait déjà partiellement adoptée Newman) n'est pas moins soutenable grammaticalement que les autres, et me paraît plus cohérente du point de vue du sens : Aristote accepte comme base de discussion le point commun des deux conceptions opposées (ces deux thèses sont : 1° l'esclavage naturel; 2° l'esclavage selon la loi) point commun qui est que le meilleur selon la vertu (l'excellence) a le droit de commander. Toutes les autres thèses, qui n'acceptent pas ce point de départ, sont considérées comme infondées par Aristote.

5. S/e « sans s'en rendre compte ».

marché d'esclaves à la suite de leur capture[6]. (6) Aussi les tenants de cette dernière thèse refusent-ils de considérer ces captifs-là comme des esclaves, mais réservent-ils ce nom aux barbares. Mais en fait, en parlant ainsi, ils ne font rien d'autre que se diriger vers cette notion d'esclave par nature dont nous avons traité au début de cette discussion. Car ils mettent en évidence qu'il existe des gens qui sont, nécessairement, les uns esclaves partout, les autres nulle part. (7) C'est la même chose pour la noblesse de naissance. Les Grecs en effet, ne considèrent les barbares comme ne pouvant l'être que chez eux, si bien qu'il existerait une forme absolue et une forme non absolue de la noblesse et de la liberté, comme le dit l'Hélène de Théodecte :

Issue de deux lignées de dieux,
Qui oserait m'appeler servante ?[8]

(8) En parlant ainsi, les tenants de cette thèse ne font rien d'autre que de distinguer esclave et homme libre, bien né et mal né, par la vertu et le vice : ils estiment en effet que, de même que l'homme vient de l'homme et la bête de la bête, de même un homme de bien descend de gens de bien. Or la nature a souvent l'intention d'agir ainsi, mais ne le peut pas[9]. (9) Il est donc évident que cette divergence dont nous avons parlé n'est pas sans raison, et que ce n'est pas ainsi que sont, par nature, d'un côté les esclaves et de l'autre les hommes libres[10] ; mais il est non moins évident que chez certains cette distinction existe, et que dans ce cas il est avantageux pour l'un d'être esclave, pour l'autre d'être maître, et que c'est juste, et que l'un doit être commandé et l'autre commander, selon l'autorité que donne la nature, c'est-à-dire celle du maître d'esclaves. (10) Mais si elle est mal exercée, cette autorité est nuisible aux deux. Car la partie et le tout, le corps et l'âme, ont même intérêt, et l'esclave est une partie de son maître : il est comme une partie de son corps animée et séparée. C'est pourquoi il existe entre

6. Et notamment de leur capture par des pirates. C'est ce qui était arrivé, entre autres, à Platon, qui rentrait d'un de ses voyages en Sicile. Nous trouvons là l'une des obsessions de la démocratie grecque : comment garantir au citoyen, libre par essence, que sa liberté sera hors d'atteinte des péripéties de sa vie. Quand, après la chute de la cité, cette garantie deviendra absolument impossible puisqu'alors tout dépendra de la volonté du prince, les philosophes en seront réduits à rechercher la liberté dans l'intériorité de la conscience. Alors le sage stoïcien pourra proclamer qu'il demeure une conscience libre même quand on le jette en prison.

7. Pour Aristote, les penseurs autres que lui se divisent en deux catégories : 1° ceux qui, engagés dès l'origine sur une voie erronée, sont absolument dans le faux ; 2° ceux qui, guidés malgré eux par la vérité, sont en fait aristotéliciens sans le savoir. Nous avons ici affaire à la seconde catégorie.

8. Théodecte de Phalésis fut un contemporain et ami d'Aristote, il ne nous reste presque plus rien de ses tragédies et discours.

9. Tout n'est pas parfait, en effet, dans la nature *sublunaire**. Nous avions aussi vu, à la fin du chapitre V, comment la nature voyait contrariée sa tendance à donner aux hommes un corps qui reflète leur âme. Socrate et Platon avaient déjà eu à se mesurer avec cette idée commune de l'hérédité de la vertu.

10. Encore un passage difficile. Je crois, contrairement aux autres interprètes, qu'Aristote réfute toujours la thèse selon laquelle les hommes libres et les esclaves naissent nécessairement les premiers d'hommes libres, les seconds d'esclaves. Car les autres interprétations l'amèneraient à nier sa propre thèse qui est qu'il y a des hommes libres et des esclaves par nature. Si l'interprétation proposée ici est la bonne, cela a de grandes conséquences, notamment en ce que ce texte refuse l'un des fondements du mode de production esclavagiste. L'idéologie de ce mode de production est en effet contrainte de soutenir que d'esclaves ne peuvent naître que des esclaves. Cf. introducion p. 21.

esclave et maître un intérêt et une amitié réciproques[11] quand tous deux méritent naturellement leurs fonctions ; mais si ce n'est pas le cas, et qu'ils la tiennent de la loi[12] et de la force, c'est le contraire qui est vrai.

12. « Loi » *(nomos)* ne désigne pas ici la loi juste fondée sur la vertu, mais la convention qui sanctionne un état de fait.

Chapitre VII

(1) Il découle aussi de tout cela que ce n'est pas la même chose que le pouvoir du maître et le pouvoir politique, et que tous les autres pouvoirs ne sont pas identiques entre eux comme le prétendent certains. Car celui-ci s'exerce sur des hommes libres par nature, celui-là sur des esclaves, et le pouvoir économique est monarchique (car toute famille est régie par le pouvoir d'un seul), alors que le pouvoir politique s'applique à des hommes libres et égaux. (2) On n'est donc pas appelé maître en vertu d'une science, mais du fait qu'on est tel[1], et il en est de même pour la condition d'esclave et d'homme libre. D'un autre côté, pourtant, on peut considérer qu'il existe une science du maître et une science de l'esclave : celle-ci est très précisément celle qu'on enseignait à Syracuse. Là, en effet, moyennant salaire, les jeunes esclaves[2] apprenaient leur office quotidien dans la maison. (3) Et l'on pouvait développer l'apprentissage de certaines disciplines telles que la cuisine et les autres services domestiques du même genre. Des gens différents ont, en effet, des tâches différentes, les unes plus prisées, les autres plus nécessaires, et, comme dit le proverbe, « il y a esclave au-dessus de l'esclave, maître au-dessus du maître ». (4) Tout cela ce sont donc des sciences d'esclave. Quant à la science du maître, c'est l'emploi des esclaves. Car ce n'est pas l'affaire du maître d'acquérir les esclaves[3], mais d'employer les esclaves. Et cette science n'a rien de grand ni de vénérable : elle consiste pour l'esclave à être capable

11. Pour Platon, le maître doit être sévère, brutal même, en donnant à son esclave des ordres sans les justifier. Les « partisans » d'Aristote ont souvent invoqué cette nécessaire « amitié » entre maître et esclave pour prêter à Aristote une humanité plus grande. En fait il ne s'agit pas d'une amitié entre égaux, sentiment si important pour les Grecs, mais d'une sorte d'harmonie entre deux êtres radicalement inégaux, unis par une relation paternaliste.

1. Il s'agirait ici de *sciences** pratique ou poétique. L'enjeu de cette discussion est le suivant : si l'on était maître en vertu d'une science, c'est qu'on pourrait acquérir par apprentissage sa condition de maître (car la science, même au sens « affaibli » qui est celui de ce texte, qui ne parle pas de sciences théorétiques, se transmet par l'enseignement). Mais cela va contre la conception aristotélicienne selon laquelle on est maître ou esclave par nature. Par contre esclave et maître peuvent acquérir des savoir-faire propres à leur état : c'est ce que dit la phrase suivante, qui ne contredit donc pas ce qui précède, puisqu'elle n'affirme pas que c'est l'*aptitude* à être maître ou esclave qu'on acquerrait par un enseignement.

2. « Jeune esclave » traduit « *pais* » qui veut dire « enfant » (d'où nos termes formés sur la racine *ped-* : pédagogie, pédérastie...). C'est par ce terme qu'on interpelait les esclaves dans la maison (peut-être en gardons-nous le lointain souvenir dans notre habitude de crier « garçon ! » dans les cafés). Les maisons grecques retentissaient sans cesse, paraît-il, des appels « paï ! paï ! » des maîtres qui exigeaient à tout propos le service de leurs esclaves.

3. C'est en effet l'office, suivant le point de vue auquel on se place, soit du maître de maison en tant qu'il est l'administrateur de la communauté domestique, soit de celui qui capture les esclaves comme le dit la fin de ce chapitre.

de faire ce qu'il doit faire, et pour le maître de le lui ordonner[4]. (5) C'est pourquoi ceux qui ont les moyens d'éviter ces tracas en laissent le soin à un intendant, tandis qu'eux-mêmes s'occupent de politique et de philosophie.

Quant à l'art d'acquérir les esclaves, je parle de l'art légitime, il diffère de ces deux sciences[5] : il est une forme de l'art de la guerre ou de la chasse. Voilà donc ce qu'il en est de la différence entre maître et esclave.

5. La science du maître et celle de l'esclave dont on vient de parler.

Chapitre VIII

(1) C'est le patrimoine tout entier et l'art de l'acquérir[1] qu'il nous faut étudier selon la méthode suivie jusqu'ici, puisque, nous l'avons vu, l'esclave est une partie du patrimoine[2]. En premier lieu se pose la question suivante : l'art d'acquérir est-il identique à l'administration familiale, ou en est-il une partie, ou est-il une activité qui lui est subordonnée comme l'art de faire des navettes l'est à l'art du tisserand ou encore comme l'est l'art du fondeur à celui du statuaire ? Car dans les deux cas la subordination n'est pas la même : dans le premier cas l'art subordonné fournit les instruments, dans le second cas la matière. (2) J'appelle « matière » le substrat à partir duquel une certaine œuvre est accomplie, par exemple pour le tisserand la laine, pour le statuaire l'airain.

Or que l'administration familiale ne soit pas la même chose que l'art d'acquérir, c'est évident. Car le rôle de celui-ci est de procurer des biens, et le rôle de celle-là de s'en servir : quel art, en effet, utilisera les biens dans l'intérêt de la famille si ce n'est l'administration familiale ? La seule question dont il reste à débattre est donc la suivante : l'art d'acquérir est-il une partie de l'administration familiale, ou sont-ils spécifiquement différents ?

(3) S'il est vrai, en effet, que celui qui acquiert les biens[3] doit savoir d'où viennent les richesses et le patri-

4. Cette *science** est la plus « bête » des sciences : elle consiste à apprendre pour l'un à ordonner, pour l'autre à obéir. Le débat oppose Aristote à des gens comme Xénophon qui estime que la bonne gestion d'une famille et d'un domaine agricole est la meilleure préparation possible au pouvoir politique. Contre ce « bon sens » qui s'est perpétué jusqu'à nos jours (ainsi certains pensent que parce qu'il a bien géré sa petite boutique tel homme sera plus capable d'être un bon ministre de l'économie ou des finances, ou que tel autre est décidément inapte au pouvoir politique qui ne sait même pas se faire respecter de sa femme et ses enfants...), Aristote oppose la spécificité de chaque relation de pouvoir.

1. « Art d'acquérir » traduit le terme *chrématistikè* (s/e *technè*). Nous avons déjà rencontré ce terme (chapitre III, § 3) qui avait alors été traduit par « chrématistique ». L'une des difficultés majeures des chapitres qui suivent vient de l'emploi de ce terme en deux sens différents : 1° « art d'acquérir » en général ; 2° « chrématistique proprement dite » (à partir du chapitre IX) c'est-à-dire une forme de spéculation condamnée par Aristote en ce qu'elle s'efforce uniquement de « faire de l'argent ». Quand ce terme a ce dernier sens, nous le traduirons par « chrématistique ». Remarquons qu'il y a, dans le texte aristotélicien, un mouvement de *précision :* on passe du sens général du terme à son sens restreint et, si l'on peut dire, technique. Mais cela n'empêche pas Aristote de retourner ensuite parfois au sens général.

2. Il s'agit du deuxième moment de « la méthode suivie jusqu'ici » : après avoir étudié les composantes élémentaires des réalités qu'il veut expliquer, Aristote « monte » des parties au tout.

3. « Celui qui acquiert les biens » traduit « *chrématistikos* ». Aristote suppose, comme condition au raisonnement qu'il mène ici que la relation de la *chrématistique* (au sens le plus large d'art d'acquérir) et *l'économique* (au sens étymologique d'administration familiale) ne peut être pensée que sous trois formes : 1° il y a identité d'objet et les deux termes ne sont que deux manières de dire une même chose (cette éventualité vient d'être exclue par Aristote) ;

moine, étant donné que le patrimoine, tout comme la richesse, comprend de nombreuses parties, il faut donc d'abord se demander si l'agriculture est une partie de l'art d'acquérir ou une activité d'un autre genre, et d'une manière générale il faut se poser la même question à propos de l'approvisionnement et de la gestion[4] de la nourriture. (4) Mais il y a de nombreuses espèces de nourriture et, de ce fait, beaucoup de genres de vie tant chez les animaux que chez les hommes. Il leur est en effet impossible de vivre sans nourriture, si bien que les différences dans l'alimentation ont entraîné des différences de modes de vie chez les animaux. (5) Ainsi parmi les bêtes, les unes vivent en groupes, les autres isolées : dans les deux cas leur mode de vie est adapté à leur mode d'alimentation, du fait que certains sont carnivores, d'autres herbivores, d'autres omnivores, de sorte que la nature a déterminé leur genre de vie pour qu'ils puissent se procurer facilement leur nourriture[5]. Et ce qui est naturellement agréable[6] n'est pas identique chez tous, mais les uns aiment ceci, les autres cela, et les genres de vie diffèrent d'un animal à l'autre à l'intérieur même de la famille des carnivores ou de celle des herbivores. (6) Il en est de même pour les hommes, car leurs modes de vie diffèrent beaucoup. Les plus inactifs sont les nomades : comme leur nourriture leur vient, sans peine, des animaux domestiques, ils ont du loisir; leurs troupeaux devant nécessairement se déplacer pour trouver des pâturages, eux-mêmes sont obligés de les suivre, comme s'ils cultivaient une terre vivante. (7) D'autres vivent de la chasse, les genres de chasse différant selon les peuples. Ainsi les uns vivent de brigandage[7], d'autres de la pêche (ceux qui vivent à proximité de lacs, de marais, de rivières ou d'une mer favorable), d'autres vivent d'oiseaux ou de bêtes sauvages. Mais la plus grande partie du genre humain vit de la terre et des fruits qu'on y cultive.

(8) Voici donc à peu près combien il y a de modes de vie, ceux du moins où l'activité est autonome et où l'on n'a recours ni au troc ni au commerce pour se procurer de la nourriture : vie du nomade, du paysan, du brigand, du pêcheur, du chasseur. D'autres combinent plusieurs genres de vie pour vivre plus agréablement, palliant ainsi les graves insuffisances de leur mode de vie d'origine quand il se révèle incapable de leur permettre de se suffire à eux-mêmes : ainsi certains nomades se font-ils aussi brigands, des paysans se font-ils aussi chasseurs. Il en est de même

2° l'un de ces deux arts est subordonné à l'autre dont il est une *partie* ; 3° chrématistique et économique sont spécifiquement différentes. Sur la différence spécifique, cf. chapitre I, note 5, sur la hiérarchie des arts chapitre I, note 6.

4. « Gestion » traduit « *ktèsis* » qui peut aussi être compris comme « acquisition », qui ne ferait alors que renforcer le terme précédent.

5. « La nature cherche l'adapté » écrit Aristote dans l'*Histoire des animaux* (IX, 12, 615a25). Il n'y a pourtant pas chez lui de théorie de l'adaptation au sens propre, c'est-à-dire l'idée que des vivants se transforment pour répondre aux contraintes de leur milieu. Nous nous trouvons plutôt ici encore une fois en face de la conception finaliste de la nature que nous avons déjà rencontrée : la nature qui fait le meilleur place l'animal approprié dans le milieu adéquat. Pourtant on peut trouver une conception plus « dynamique » de l'adaptation des animaux dans une déclaration comme celle-ci : « certains animaux sont devenus quadrupèdes parce que leur âme ne pouvait pas supporter leur poids » (*Partie des animaux*, IV, 10, 686b1) ; mais il ne s'agit pas alors d'adaptation à un milieu.

6. Le plaisir naturel est chez Aristote un autre stratagème employé par la nature pour réaliser le meilleur des possibles : ce qui procure du plaisir au vivant est, en effet, bon pour lui. Au niveau moral, c'est-à-dire humain, cette doctrine se double — nécessairement pourrait-on dire — d'une distinction entre plaisirs naturels qui sont à rechercher parce qu'ils vont dans le sens de l'accomplissement de la nature humaine, et plaisirs contre nature qu'il faut rejeter.

7. Le brigandage, et notamment la piraterie, n'est donc pas une activité perverse, mais une forme de cette pratique naturelle qu'est la chasse.

pour les autres : quand le besoin les y contraint, ils vivent ainsi. (9) Un tel patrimoine[8] semble bien être donné par la nature même à tous les êtres vivants dès le jour de leur naissance aussi bien que quand ils sont complètement développés. (10) Car certains parmi les animaux produisent, dès qu'ils donnent naissance à leur progéniture, une nourriture suffisante jusqu'à ce que le rejeton puisse s'en procurer tout seul : tels sont les larvipares et les ovipares[9]. Quant aux vivipares ils ont en eux-mêmes une nourriture pour leurs petits, pendant un certain temps : c'est la substance naturelle appelée lait. (11) Si bien qu'il faut évidemment penser qu'il en est de même pour les animaux adultes : les plantes existent pour les animaux, et les autres animaux pour l'homme, les animaux domestiques pour son usage et sa nourriture, les animaux sauvages, sinon tous du moins la plupart[10], pour sa nourriture et d'autres secours puisqu'il en tire vêtement et autres instruments. (12) Si donc la nature ne fait rien d'inachevé[11] ni en vain, il est nécessaire que ce soit pour les hommes que la nature ait fait tout cela.

C'est pourquoi[12], en un sens, l'art de la guerre est un art naturel d'acquisition (car l'art de la chasse est une partie de cet art), auquel nous devons avoir recours contre les bêtes et les hommes qui sont nés pour être commandés mais n'y consentent pas : cette guerre-là est juste par nature.

(13) Ainsi y a-t-il une espèce de l'art d'acquérir qui est par nature[13] une partie de l'administration familiale : elle doit tenir à la disposition de ceux qui administrent la famille, ou leur donner les moyens de se procurer les biens qu'il faut mettre en réserve[14], et qui sont nécessaires à la vie et utiles à la communauté de la cité ou de la famille. (14) Et il semble bien que ce soit de ces biens-là que l'on tire la véritable richesse[15]. Un patrimoine de ce genre procure l'auto-suffisance[16] qui permet de bien vivre, mais il n'est pas illimité contrairement à ce que prétend Solon dans ce vers :

« Pour la richesse aucune borne n'a été donnée aux hommes »[17]. (15) Car il y a bien un terme dans le cas de cet art d'acquérir, comme il y en a un à tous les autres arts : aucun, en effet, n'a d'instrument illimité en nombre ou en grandeur, et la richesse c'est la quantité d'instruments utilisés dans l'administration familiale ou politique.

8. Il s'agit du patrimoine que procure l'activité autonome dont il est question au § 8.

9. Pour Aristote certains animaux produisent des larves parce qu'ils sont trop rudimentaires pour pondre des œufs, si bien que la larve est comme un œuf avant terme (cf. *Génération des animaux*, III, 9, 758b20). On a donc la série suivante qui va du moins au plus parfait : larvipares, ovipares, ovovivipares, vivipares.

10. Cette précision vient d'atténuer ce qui est peut-être la seule déclaration « providentialiste » d'Aristote. Même si l'homme est l'animal le plus parfait, tout n'a pas été disposé pour lui dans l'univers comme le prétendront beaucoup de successeurs d'Aristote, des Stoïciens à Bernardin de Saint-Pierre. Aini lit-on dans la *Physique :* « Zeus fait pleuvoir non pour augmenter la récolte, mais par nécessité » (II, 8, 198b18).

11. C'est-à-dire parvient toujours au but qu'elle poursuit. Étant donné l'imperfection du monde *sublunaire**, ce « toujours » est en fait un « le plus souvent ».

12. Parce que la fin des animaux est de servir l'homme.

13. On peut aussi comprendre « une espèce d'art naturel d'acquérir. »

14. On a proposé d'autres interprétations de ce passage, qui me paraissent moins bonnes que celle adoptée ici. Le sens général reste, de toute façon, le même.

15. Et non de l'accumulation d'argent, comme le montrera le chapitre suivant.

16. Littéralement « l'autarcie ». Cf. chapitre II, § 8.

17. Critiquer Solon, l'un de Sept Sages de la Grèce et père de la grandeur athénienne, devait faire figure de sacrilège pour certains lecteurs d'Aristote. Faut-il voir là une preuve des sentiments anti-athéniens de ce dernier ?

Qu'il y ait donc un art d'acquisition conforme à la nature pour les chefs de famille et les hommes politiques, et pour quelles raisons, cela est maintenant clair.

Chapitre IX

(1) Il y a un autre genre d'acquisition que l'on appelle spécialement, et à bon droit, la chrématistique, pour laquelle il semble n'y avoir nulle borne à la richesse et au patrimoine. Beaucoup pensent qu'elle ne fait qu'un avec l'art naturel d'acquérir dont on vient de parler, et cela vient du fait que ce sont deux arts voisins : car la chrématistique n'est ni identique à l'art dont il a été question, ni bien éloignée de lui. Mais de ces deux arts l'un est naturel, alors que l'autre n'est pas naturel mais provient plutôt d'une certaine expérience technique[1].

(2) Nous commencerons l'étude de la chrématistique par la remarque suivante : chaque objet que nous possédons a un double usage. Dans les deux cas il s'agit d'un usage de la chose en tant que telle[2], mais pas en tant que telle du même point de vue : dans un cas l'usage est propre à la chose, dans l'autre il ne lui est pas propre. Ainsi une chaussure sert soit à chausser, soit à être échangée. Dans les deux cas il y a bien usage de la chaussure en tant que telle, (3) car celui qui troque une chaussure avec celui qui en a besoin contre de l'argent ou de la nourriture, utilise la chaussure en tant que chaussure, mais pas selon son usage propre, car elle n'a pas été fabriquée pour le troc. Il en va de même pour les autres choses que nous possédons; (4) car l'échange peut intervenir pour tout : il a son origine première dans ce fait conforme à la nature que, parmi les hommes, certains ont trop et d'autres pas assez de certaines choses nécessaires. En ce sens il est clair que le petit commerce[3] n'appartient pas par nature à la chrématistique, car c'était seulement dans la mesure du nécessaire que les hommes étaient amenés à pratiquer le troc.

(5) Car dans la première communauté, c'est-à-dire la famille, il est clair qu'il n'y a nul besoin du troc, mais qu'il n'apparaît qu'avec l'élargissement de cette communauté. Car dans la famille tout était mis en commun, alors que quand la famille eut éclaté en plusieurs communautés, beaucoup de choses restèrent communes mais d'autres apparurent[4] qui, nécessairement, suivant le besoin qu'on en avait, firent l'objet d'échanges, selon la formule du troc, comme cela se pratique encore dans beaucoup de peuplades barbares. (6) Dans ce cas, en effet, on échange des choses utiles contre d'autres, et rien de plus[5], par exemple on donne et on reçoit du vin contre

1. Comme cela a été dit plus haut (chapitre VIII, note 1) Aristote emploie maintenant le terme « *chrématistikè* » en un sens que l'on peut dire technique, pour désigner l'art qui consiste à augmenter indéfiniment son capital par le commerce et la spéculation. Dans ce chapitre le terme ne reprendra qu'exceptionnellement son sens général d'« art d'acquérir » (cf. § 15). A l'arrière-plan de toutes les considérations d'Aristote on trouve toujours l'opposition de ce qui est naturel et de ce qui est contre nature. Ici l'art *(technè*)* s'oppose à la nature : il s'agit d'un art pervers et condamnable. Il est, au contraire, d'autres arts qui, nous dit souvent Aristote, « imitent la nature ».

2. Et non d'un usage accidentel, comme lorsque j'envoie une chaussure sur mon chat pour le faire taire. Il est intéressant de noter que dans l'*Éthique à Eudème* (IV, 4, 1232a1), Aristote écrit que l'échange n'est pas un usage de la chose en tant que telle, mais un usage accidentel de cette chose. Sans doute a-t-il évolué vers la conception plus fine exposée ici qui distingue pour chaque chose sa valeur d'usage et sa valeur d'échange.

3. Il y a donc pour Aristote un commerce légitime et naturel : sans doute s'agit-il de celui qui, restant à l'intérieur des communautés naturelles (village, cité) ne porte pas atteinte à leur caractère autarctique.

4. Texte peu sûr.

5. C'est-à-dire qu'il n'y a ni intervention de l'argent ni bénéfice.

du blé, et ainsi pour toutes les autres denrées de ce genre. Et cet échange-là n'est ni contraire à la nature, ni une espèce de chrématistique, puisqu'il venait compléter l'autarcie naturelle. (7) C'est pourtant de cet échange naturel qu'est logiquement[6] venue la chrématistique.

Quand on eut recours à l'aide de communautés plus lointaines pour en importer ce dont on manquait et y exporter ce qu'on avait en surplus, l'usage de la monnaie s'introduisit nécessairement. (8) Il n'est pas aisé, en effet, de transporter toutes les choses qui nous sont naturellement nécessaires ; c'est pourquoi, pour les échanger, on convint d'une matière que l'on pût aussi bien donner que recevoir, et qui, tout en étant elle-même du nombre des choses utiles[7], ait la faculté de changer facilement de mains pour les besoins de la vie ; tels sont le fer, l'argent ou toute autre matière semblable. Sa valeur fut tout d'abord déterminée simplement par ses dimensions et son poids, et enfin par l'impression d'une empreinte, pour éviter d'avoir sans cesse à mesurer, car l'empreinte fut mise comme signe de la quantité de métal. (9) Une fois donc la monnaie inventée à cause des nécessités de l'échange, apparut une autre forme de chrématistique, sa forme commerciale, qui se manifesta sans doute d'abord de manière très simple, puis, l'expérience aidant, avec plus d'art en cherchant d'où et comment viendrait, par l'échange, le plus de profit. (10) C'est pourquoi la chrématistique semble avoir principalement affaire à la monnaie, et sa fonction d'être à même de faire connaître d'où l'on peut tirer une grande quantité de valeurs ; car elle semble produire richesse et valeurs. En effet on pose souvent que la richesse consiste en une grande quantité de monnaie, parce qu'on rapporte la chrématistique commerciale à la monnaie. (11) Parfois à l'inverse, on considère la monnaie comme bagatelle et pure convention[8], et pas du tout chose naturelle, du fait que, si ceux qui s'en servent changent leurs accords, elle perd sa valeur et toute faculté de procurer le moindre bien nécessaire à la vie ; et tel qui sera riche de monnaie manquera souvent de la nourriture nécessaire. Étrange richesse vraiment que celle dont le propriétaire meurt de faim, comme le fameux Midas, homme insatiable, dont la fable nous dit que, selon sa prière, tout ce qu'on lui présentait était changé en or.

(12) C'est pourquoi c'est à juste titre que l'on cherche une définition différente et pour la richesse et pour la chrématistique. Car la chrématistique diffère de la richesse naturelle : celle-ci concerne l'administration familiale, celle-là le commerce qui ne crée pas de valeurs absolument, mais par échange de valeurs. Et le commerce semble bien concerner l'argent, car l'argent est principe

6. Ce « logiquement » *(kata logon)* indique qu'Aristote reconstruit intellectuellement un processus auquel il n'a pas assisté. Sur l'opposition du raisonnement et des faits, cf. chapitre V, note 2.

7. Le fer et l'argent ont, en effet, un usage proprement métallurgique.

8. « Convention » traduit « *nomos* ». L'opposition de la nature *(physis)* et de la convention est un des lieux communs de la pensée grecque après les Sophistes. Ce caractère conventionnel de la monnaie a été défendu par nombre de philosophes, de Platon aux Cyniques. C'est aussi — ou, du moins, cela a été à un moment au moins — la position d'Aristote lui-même qui, dans l'*Éthique à Nicomaque* (V, 8, 1133a28) fait dériver le terme *nomisma* (monnaie) de *nomos*.

et fin[9] de l'échange. (13) Et cette sorte de richesse provenant de la chrématistique est sans limite. De même en médecine : il n'y a pas de limite dans la recherche de la santé, et tous les arts poursuivent sans limite leur but (car c'est précisément ce but qu'ils veulent atteindre), par contre pour ce qui est des moyens mis en œuvre pour atteindre leur fin, ils ne sont pas sans limite (car leur but est limite pour tous ces arts). Il en est de même pour la chrématistique proprement dite : elle n'a pas de but qui puisse la limiter, puisque son but c'est la richesse et la possession de valeurs. (14) L'administration familiale, par contre, à l'inverse de la chrématistique, a une limite, car le type de richesses que cherche celle-ci n'est pas l'affaire de l'administration familiale. C'est que d'un côté il semble bien que nécessairement toute richesse ait une limite, mais d'un autre côté nous voyons le contraire se produire dans les faits, car tous les tenants de la chrématistique augmentent indéfiniment leur richesse en monnaie.

9. « Principe » traduit « *stoichéïon* » qui veut dire « élément » et désigne notamment chez Aristote les « quatre éléments » qui constituent l'univers (terre, eau, air, feu). « Fin » traduit « *péras* » qui signifie « limite ».

(15) La cause de cette confusion vient de la proximité de ces deux arts car ils ont un point commun[10] : l'objet qu'utilisent ces deux formes d'acquisition[11] est le même. C'est du patrimoine, en effet, que ces deux arts font usage, mais pas dans la même perspective : l'administration familiale s'en sert en vue d'autre chose[12], la chrématistique dans le seul but de l'augmenter. C'est pourquoi certains ont l'impression que l'augmentation pure et simple du patrimoine, c'est cela la fonction de l'administration familiale, et ils s'acharnent à penser qu'il faut ou sauvegarder ou augmenter à l'infini son avoir en monnaie. (16) La raison de cette attitude c'est que certains se préoccupent de vivre mais non de vivre bien; et comme cette préoccupation engendre un désir sans borne, ils désirent aussi des moyens illimités. Et même ceux qui s'efforcent de vivre bien recherchent ce qui procure les jouissances corporelles, si bien que, comme celles-ci semblent dépendre du patrimoine que l'on possède, tout le temps de leur vie ils le passent à s'occuper d'acquérir de l'argent[13], et c'est ainsi qu'on en est arrivé à cette autre espèce d'acquisition, la chrématistique[14]. (17) Car, comme la jouissance réside dans un excès, ils recherchent ce qui produit cet excès qui donne la jouissance[15]. Et s'ils ne peuvent pas y parvenir par la chrématistique, ils emploient d'autres voies et font de chacune de leurs facultés un usage contraire à la nature. La fonction du courage, en effet, n'est pas de faire de l'argent, mais de rendre hardi, de même pour la stratégie et la médecine dont le rôle est de donner la victoire et la santé. (18) Pourtant ces gens-là annexent tout cela[16] à la chrématistique : voilà le but auquel ils subordonnent tout.

10. Le verbe employé ici est *épallatein* : cf. chapitre VI, note 3.

11. *Krématistikè* reprend ici un sens plus général, cf. plus haut, note 1.

12. A savoir permettre aux membres de la communauté de vivre et si possible, de vivre bien.

13. « Acquérir de l'argent » rend le substantif *chrématismos*.

14. Légère paraphrase : le mot-à-mot dit : « qu'on en est arrivé à cette autre espèce de chrématistique ». *Krématistikè* est donc ici employé au sens large (art d'acquérir) mais pour désigner le sens technique (chrématistique).

15. La jouissance en cela n'est pas le plaisir, cf. chapitre VIII, note 6.

16. C'est-à-dire courage, stratégie, médecine.

Nous avons donc parlé de l'art d'acquérir non nécessaire, la chrématistique[17], en disant et ce qu'elle est et pour quelle cause nous en avons besoin. Quant à la forme nécessaire de l'art d'acquérir, nous avons montré qu'elle est différente de la première, qu'elle concerne la partie de l'administration familiale naturelle qui se rapporte au ravitaillement en nourriture, et qu'elle n'est pas, comme l'autre, sans limites, mais qu'elle a des bornes.

17. Même situation qu'à la note 14.

Chapitre X

(1) Ainsi devient claire la difficulté posée au début : l'art d'acquérir des biens[1] dépend-il du chef de famille et de l'homme politique ou n'en dépend-il pas, ces biens devant être considérés comme étant déjà à notre disposition ? De même, en effet, que l'art politique ne fabrique pas les hommes, mais, les recevant de la nature, s'en sert, de même il faut bien que la nature donne leur nourriture aux hommes en leur donnant la terre, la mer et toute autre chose de ce genre. Après cela c'est l'affaire du chef de famille de régler l'usage de ces subsistances. (2) Il n'appartient pas, en effet, au tisserand de produire les différentes laines, mais de s'en servir et de reconnaître laquelle est de bonne qualité et appropriée à son dessein, laquelle est défectueuse et inappropriée.

Car, s'il n'en était pas ainsi, on pourrait se demander pourquoi l'art d'acquérir serait une partie de l'administration familiale, alors que la médecine n'en serait pas une partie, alors même que les membres de la famille doivent posséder la santé au même titre que la vie et que toute autre chose nécessaire. (3) Puisque, d'un certain point de vue, c'est au chef de famille et au gouvernant de veiller à la santé, et que d'un autre point de vue c'est l'affaire du médecin, il en va de même pour les biens : d'un certain point de vue c'est au chef de famille de s'en occuper[2], d'un autre point de vue cela ne relève pas de sa compétence, mais de celle d'un art subordonné.

Mais il faut considérer que ces biens sont essentiellement fournis par la nature : car c'est la fonction de la nature de fournir de la nourriture à l'être une fois qu'il a été engendré ; tout vivant, en effet, se nourrit de ce qui reste de sa substance originaire. (4) C'est pourquoi est conforme à la nature pour tous les hommes l'art d'acquérir qui porte sur les fruits de la terre et les animaux. Cet art, comme nous l'avons dit, a deux formes : une forme commerciale et une forme économique[3] : celle-ci est nécessaire et louable, celle-là, qui concerne l'échange, est blâmée à juste titre car elle n'est pas naturelle, mais les hommes la pratiquent aux dépens de leurs semblables[4].

1. A partir de maintenant le terme « *chrématistikè* » reprend son sens général « d'art d'acquérir ».

2. La tournure un peu elliptique signifie : de ce point de vue le chef de famille doit s'occuper de l'*acquisition* des biens nécessaires à la vie de la famille.

3. Au sens étymologique (cf. chapitre I, note 4).

4. Aristote condamne ici l'échange inégal qui fait qu'on restitue plus que ce qu'on a reçu.

Si bien qu'on a tout à fait raison de détester le métier d'usurier du fait que son patrimoine naît de l'argent lui-même, lequel n'a pas été inventé pour cela. (5) Car il a été fait pour l'échange, alors que l'intérêt ne fait que le multiplier. Et c'est de là qu'il a pris son nom[5] : de même, en effet, que les petits sont semblables à leurs parents, l'intérêt est de l'argent issu d'argent. Si bien que cette façon d'acquérir est la plus contraire à la nature.

Chapitre XI

(1) Puisque[1] nous avons correctement cerné notre sujet du point de vue de la connaissance théorique, nous devons en venir à l'usage pratique. Dans tous les sujets comme celui-ci[2], en effet, la théorie est libre, mais l'expérience est soumise à la nécessité[3].

L'art d'acquérir comporte des parties utiles. Ainsi l'expérience acquise sur le cheptel : quelles bêtes sont les plus avantageuses, en quels endroits et dans quelles conditions ; par exemple : comment acquérir des chevaux, des bœufs, des moutons et autres bêtes du même genre. (2) (Il faut, par expérience, savoir parmi chacune de ces espèces quels animaux sont les plus avantageux, et quelles variétés le sont sur quels sols, car les animaux prospèrent différemment selon les régions[4].) Ensuite la culture, celle des champs nus comme celle des terres déjà couvertes de plantations[5], ainsi que l'apiculture et l'élevage des animaux aquatiques et ailés dont il existe un parti à tirer. (3) Telles sont les parties premières de l'art d'acquérir en son sens le plus propre[6]. Quant à la forme de l'art d'acquérir se rapportant à l'échange, sa branche la plus importante est le commerce par mer (qui a lui-même trois parties : le frètement des navires, le transport maritime et la vente sur place ; ces parties diffèrent entre elles : les unes sont plus sûres, les autres donnent un profit supérieur) ; la deuxième branche c'est le prêt à intérêt, la troisième le travail salarié ; (4) (celui-ci a deux formes : le travail des artisans[7] et celui des manœuvres sans aucune formation, utiles seulement par leur corps). La troisième

5. Le terme grec « *tokos* » signifie à la fois l'action d'enfanter, le produit de l'enfantement, c'est-à-dire le rejeton, et le produit de l'argent prêté c'est-à-dire l'intérêt.

---

1. Ce chapitre XI est tellement différent du reste du livre I de la *Politique* tant par son contenu que par sa forme, qu'on a mis en doute son authenticité. Hâtivement relié au reste par sa première phrase, ce chapitre révèle une visée pratique étrangère au projet de tout ce livre I. Surtout il semble écrit par quelqu'un qui ignorerait les distinctions établies auparavant : ainsi l'art d'acquérir se divise en trois parties, alors que plus haut Aristote n'en connaissait que deux.

2. C'est-à-dire des sujets concernant les *sciences** « pratiques ».

3. Ce membre de phrase peut se comprendre de deux façons : 1° tant qu'il reste dans la sphère théorique l'esprit est libre, mais quand il est aux prises avec le réel il est soumis aux nécessités de celui-ci ; 2° la théorie convient à l'homme libre, alors que l'examen des contingences matérielles est « non libéral ».

4. On peut se demander si cette parenthèse, qui ne fait que répéter ce qui a été dit plus haut, n'est pas une glose.

5. Aristote veut ici signifier l'opposition des champs préparés pour des cultures annuelles (par exemple des céréales) et des terres plantées d'arbres et d'arbustes.

6. C'est-à-dire tel qu'il est dans la réalité naturelle qu'est la famille.

7. Aristote ne valorise pas ici, comme un lecteur moderne pourrait le penser, le travail artisanal en l'opposant à celui du manœuvre. Le terme *banausos* qui, comme substantif, signifie « artisan » (et qui vient peut-être du mot signifiant « fourneau », ce qui fait du forgeron et du premier des forgerons, Héphaïstos, l'archétype de l'artisan), comme adjectif signifie à la fois « artisanal » et « vulgaire » et « négligent ». Cf. le français « vilain ». La *Politique* d'Aristote se fera largement l'écho du débat mené à l'époque pour savoir si l'on doit accepter les artisans au nombre des citoyens.

espèce d'art d'acquérir est un intermédiaire entre cette dernière et la première, car, à la fois, elle est conforme à la nature et concerne l'échange : elle se rapporte à la terre et ce qui vient de la terre, choses utiles qui pourtant ne portent pas de fruits, comme l'extraction des pierres[8] et de tous les minerais (5) dont il existe beaucoup d'espèces, autant que de minerais qu'on extrait de la terre.

Jusqu'à présent, nous avons parlé de chacune de ces formes de l'art d'acquérir d'une manière générale, et il serait utile de traiter de chacune avec plus de détail, mais il serait fastidieux d'y employer notre temps[9].

(6) Parmi les travaux ceux qui demandent le plus d'art sont ceux où entre le moins de hasard[10], les plus artisanaux[11] ceux qui abîment le plus le corps des ouvriers, les plus serviles ceux qui font le plus appel à l'élément corporel, les plus vils ceux pour lesquels il faut le moins de vertu. (7) Puisqu'il existe des ouvrages d'un certain nombre d'auteurs sur ces sujets (par exemple de Charès de Paros et d'Apollodore de Lemnos sur l'agriculture tant des terres nues que des terres déjà couvertes de plantations, et d'autres auteurs sur les autres sujets), quiconque est intéressé par l'étude de ces questions n'a qu'à s'y reporter. Il existe aussi des récits dispersés sur les moyens qu'ont employés certains pour faire fortune qu'il faudrait réunir[12]. (8) Tous ces moyens sont en effet utiles à ceux qui tiennent en haute estime l'art d'acquérir. Un exemple de ces anecdotes : celle concernant Thalès de Milet. Il est en effet l'auteur d'un stratagème spéculatif[13] qui, même si c'est à lui qu'on l'attribue à cause de sa science[14], a néanmoins une portée générale. (9) Comme, voyant sa pauvreté, les gens lui faisaient reproche de l'inutilité de la philosophie, on dit que, grâce à l'astronomie, il prévit une récolte abondante d'olives. Alors qu'on était encore en hiver, il parvint, avec le peu de biens qu'il avait, à verser des arrhes pour prendre à ferme tous les pressoirs à huile de Milet et de Chios, ce qui lui coûta peu puisque personne ne surenchérit. Puis vint le moment favorable : comme on cherchait beaucoup de pressoirs en même temps et sans délai, il les sous-loua aux conditions qu'il voulut. En amassant ainsi une grande fortune il montra qu'il est facile aux philosophes de s'enrichir s'ils le veulent, mais que ce n'est pas de cela qu'ils se souciaient. (10) C'est ainsi, dit-on, que Thalès montra sa science. Mais, comme nous l'avons dit, une telle manière de faire relève de l'art d'acquisition en général, si l'on peut s'assurer une position de monopole. C'est pourquoi certaines cités emploient ce procédé quand elles manquent de ressources : elles établissent un monopole sur les marchandises.

8. Les manuscrits disent « l'abattage des arbres ». La leçon adoptée ici est celle de la traduction utilisée par Thomas d'Aquin qui reposait peut-être sur des manuscrits que nous avons perdus ; elle est en tout cas plus cohérente.

9. Plusieurs éditeurs considèrent cette phrase comme une glose. Elle souligne encore la mauvaise intégration de ce chapitre à l'ensemble.

10. Moins un art comporte de hasard, plus il se rapproche de la nécessité scientifique.

11. Cf. plus haut note 7.

12. Il s'agit peut-être d'un projet de travail. On sait, en effet, que quand il était membre de l'Académie, Aristote avait contribué aux enquêtes en vue de constituer un corpus de toutes les constitutions connues. Plus tard, au Lycée, on continuera à constituer de tels recueils sur les coutumes, les opinions des philosophes et des savants...

13. « Spéculatif » traduit « *chrématistikos* ».

14. « Science » traduit « *sophia* ».

(11) En Sicile un particulier, avec de l'argent dont il disposait, acheta d'un coup la production de fer de toutes les mines de fer. Ensuite quand les grossistes vinrent de leurs comptoirs, il était seul vendeur. Il ne pratiqua pas une hausse excessive de prix; pourtant, pour une mise de cinquante talents il en gagna cent. (12) Denys[15] ayant appris cela donna l'ordre à cet homme d'emmener avec lui ses richesses, mais de ne pas rester à Syracuse plus longtemps, sous prétexte qu'il avait découvert un moyen de se procurer des biens préjudiciable à son intérêt à lui. Pourtant cette trouvaille est identique à celle de Thalès : tous deux eurent l'art de se ménager un monopole. (13) Il est utile, aux hommes politiques aussi[16], de connaître cela, car beaucoup de cités doivent recourir à de tels moyens pour avoir des ressources, tout comme une famille et bien davantage. C'est pourquoi certains hommes politiques en arrivent à spécialiser leur pratique politique à ces questions financières.

15. Il s'agit de Denys l'Ancien.

16. Et non pas seulement aux chefs de famille.

Chapitre XII

(1) Nous savons qu'il y a trois parties dans l'administration familiale : l'une se rapporte à l'autorité despotique, dont nous avons parlé plus haut, une autre à l'autorité paternelle, une autre à l'autorité maritale. Car l'autorité qu'on exerce sur sa femme et celle qu'on exerce sur ses enfants s'appliquent certes toutes deux à des êtres libres, mais ne s'exercent pas de la même manière : sur la femme s'exerce un pouvoir politique, sur les enfants un pouvoir royal. Le mâle, en effet, est plus apte à commander que la femelle (sauf dans le cas d'une association contre nature) et le plus âgé, c'est-à-dire celui qui est pleinement développé, y est plus apte que le plus jeune qui est encore imparfait. (2) Dans la grande majorité des régimes politiques[1] on est tour à tour gouvernant et gouverné (car ce qu'on y vise c'est l'égalité naturelle sans différence aucune), pourtant quand tel gouverne et tel est gouverné, celui-là cherche à se distinguer par quelqu'insigne, titre ou honneur, comme le fit remarquer Amasis à propos du bassin où il se lavait les pieds[2]. Mais dans le cas du mâle et de la femelle ce rapport de subordination existe sans alternance. (3) Le pouvoir que l'on a sur ses enfants est, quant à lui, royal. Car le géniteur voit son autorité fondée et sur l'amour et sur l'âge, ce qui est spécifique au pouvoir royal. C'est pourquoi Homère a eu raison de nommer Zeus « père des hommes et des dieux »[3], lui qui est leur roi à tous : c'est que le roi

1. « Politique » doit être pris ici au sens étymologique : il s'agit des différents régimes des diverses communautés qui ont en commun l'essentiel, à savoir d'être des cités.

2. Hérodote (II, 172) raconte que le roi d'Égypte Amasis souffrait du mépris que certains de ses sujets lui témoignaient parce qu'il était issu d'un milieu modeste. Il fit fondre le bassin d'or qui lui servait à se laver les pieds, en fit une statue de dieu, qui, comme telle, fut adorée par ses sujets. Cette anecdote veut signifier que le pouvoir, de vil qu'il était peut transformer un individu en homme honorable.

3. *Iliade*, I, 544.

doit différer par nature de ses sujets, bien qu'il soit issu de la même souche qu'eux ; or telle est la relation du plus âgé au plus jeune, du géniteur à son rejeton.

Chapitre XIII

(1) Il est donc clair que l'administration familiale se préoccupe plus des gens que des biens inanimés, de l'excellence[1] de ceux-là que de celle de ceux-ci (qu'on appelle richesse), et de celle des personnes libres que de celle des esclaves.

(2) Il y a une question préalable qui se pose à propos des esclaves : existe-t-il, en dehors de ses qualités d'instrument et de serviteur, une autre vertu[1] de l'esclave, plus précieuse que ces qualités, comme la tempérance, le courage, la justice et autres dispositions de ce genre, ou bien l'esclave n'a-t-il d'autre valeur que celle des services qu'il rend avec son corps ? (3) Les deux hypothèses soulèvent des difficultés : si les esclaves possèdent de telles vertus qu'est-ce qui les différenciera des hommes libres ? Qu'ils ne les aient pas, cela semble absurde, étant donné qu'ils sont des hommes, c'est-à-dire qu'ils ont la raison en partage. Un problème à peu près semblable se pose pour la femme et l'enfant : ont-ils ces vertus et la femme doit-elle être tempérante, courageuse, juste ? L'enfant peut-il être ou non déréglé ou tempérant ? (4) Et il faut examiner cette question en général, dans le cas de celui qui commande et de celui qui est commandé par nature : ont-ils la même vertu ou des vertus différentes ? S'il fallait que tous les deux participent à l'honnêteté[2], pour quelle raison faudrait-il que l'un commande et que l'autre soit commandé une fois pour toutes ? Il n'est pas possible non plus qu'il y ait entre eux une différence de plus ou de moins[3] : être commandé et commander, en effet, diffèrent spécifiquement, ce qui n'est pas le cas des choses qui diffèrent selon le plus et le moins. (5) Si, d'un autre côté, l'un possède ces vertus et l'autre non, on aboutit à une situation étrange. Si c'est celui qui commande qui n'est ni tempérant ni juste, comment fera-t-il pour commander bien ? Si c'est celui qui est commandé, comment fera-t-il pour obéir bien ? Car celui qui est déréglé et lâche manque à tous ses devoirs. Il est donc clair qu'il faut nécessairement que tous deux participent à la vertu, mais qu'entre les vertus il y ait une différence spécifique, comme il y a une différence spécifique entre commander et être commandé par nature[4]. (6) C'est de cet état de fait que nous sommes partis en psychologie, car l'âme possède naturellement en elle un principe qui commande et un principe qui est commandé, lesquels, selon nous, ont des

1. Il n'a pas été possible de traduire *arétè* * par un seul et même mot tout au long de ce chapitre. Ce terme est donc rendu tantôt par « excellence » tantôt par « vertu ».

2. « Honnêteté » s'entend ici au sens où, au 17e siècle, on parlait d'un « honnête homme ». Ce terme traduit « *kalokagathia* » formé des deux mots *kalos* (beau) et *agathos* (bon), qui désigne l'ensemble harmonieux de beauté et de vertu qui fait le citoyen parfait.

3. Cf. *différence spécifique* *.

4. Le texte tel qu'il nous est parvenu signifierait plutôt : « il existe une différence spécifique entre les êtres qui sont faits par nature pour être commandés ». Nous adoptons ici la correction de plusieurs éditeurs.

vertus propres, en tant que l'un possède la raison et l'autre non[5]. Il est évident qu'il en va de même dans les autres domaines, si bien que c'est par nature qu'il y a, la plupart du temps, un commandant et un commandé.

(7) L'homme libre commande à l'esclave d'une manière différente de celle dont le mari commande à sa femme et l'adulte à l'enfant. Tous ces gens possèdent les diverses parties de l'âme, mais différemment : l'esclave est totalement dépourvu de la faculté de délibérer, la femme la possède mais sans autorité, l'enfant la possède mais non encore développée[6]. (8) Il faut supposer qu'il est nécessaire qu'il en soit de même pour les vertus éthiques : tous doivent y avoir part, mais pas de la même manière, mais dans la mesure où l'exige la fonction dévolue à chacun. C'est pourquoi celui qui commande doit posséder la vertu éthique achevée (car sa fonction est absolument directive, et la raison est directrice), alors que les autres n'en ont besoin que ce qu'il faut à chacun d'eux. (9) Si bien qu'il est manifeste que tous ces gens dont nous avons parlé ont une vertu éthique, mais que la tempérance n'est pas la même chez la femme et chez l'homme, ni le courage, ni la justice comme le pensait Socrate[7], mais chez l'homme il y a un courage de chef, chez la femme un courage de subordonné, de même pour les autres vertus.

(10) Cela est clair si l'on examine le problème cas par cas. Car ils se trompent complètement ceux qui disent que la vertu est un bon état de l'âme, une bonne conduite ou quelque chose de ce genre. Il est beaucoup mieux d'énumérer les vertus, comme le fait Gorgias, que de les définir ainsi[8]. (11) Nous devons donc être d'avis qu'il faut appliquer à tous ce que le poète dit de la femme :

« Pour une femme sa parure c'est son silence »[9], mais il n'en va pas de même pour l'homme. Et puisque l'enfant est inachevé, il est manifeste que sa vertu propre ne se définit pas par rapport à lui, mais par rapport à ce qui est son but, c'est-à-dire à celui qui le gouverne[10]. (12) De même en est-il dans le cas de l'esclave par rapport au maî-

5. Une nouvelle partition de l'*âme** vient ici se superposer à celle à laquelle Aristote avait eu recours plus haut (cf. chapitre V, note 10) : distinction entre une partie raisonnable et une partie irrationnelle de l'âme. Les commentateurs ont aussi assigné à cette distinction une origine platonicienne. Peut-être faut-il, en fait, y voir une sorte de distinction commune, assez vague pour rencontrer l'assentiment de tout le monde : d'ailleurs Aristote présente ici cette thèse comme un point de départ des études « techniques » qu'il a menées par ailleurs psychologie.

6. Cette « faculté de délibérer » *(bouleutikon)* semble par contre faire appel à une doctrine psychologique plus élaborée. Cette partie délibérative appartient à l'âme rationnelle (cf. *Éthique à Nicomaque*, VI, 2, 1139a12). Parmi les diverses manières de comprendre ce passage, l'une des moins mauvaises est peut-être de penser que pour Aristote la femme est moins capable de « se dominer » que l'homme, c'est-à-dire de soumettre son âme entière à sa partie rationnelle. Quant aux enfants, Aristote le dit plusieurs fois, leur raison embryonnaire fait qu'ils sont menés par le désir.

7. Socrate, notamment dans le *Ménon* de Platon, cherchait une définition de la vertu qui soit valable pour toutes les vertus particulières.

8. Peut-être y a-t-il ici une attaque contre ce que dit Platon dans la *République*, IV, 444d.

9. Sophocle, *Ajax* vers 293.

10. Si l'adulte est le but *(télos)* de l'enfant, c'est l'adulte qui porte la norme selon laquelle doit être jugé le comportement de l'enfant. De même c'est sur des êtres conformes à la nature qu'il faut s'appuyer pour savoir ce qui est naturel et non sur des êtres dégradés (cf. plus haut chapitre V, § 5 et *nature**).

tre. Nous avons établi que l'esclave est utile pour les besognes indispensables, de sorte qu'il est manifeste qu'il n'a besoin que de peu de vertu : il lui en faut juste assez pour ne pas être inférieur à sa tâche par dérèglement ou par lâcheté. Et l'on pourrait se demander, en admettant que ce que nous disons là est vrai, si les artisans[11] aussi ont besoin d'avoir une vertu, car souvent, par dérèglement ils se montrent inférieurs à leur tâche. (13) Ou bien avons-nous ici un cas très différent? Car l'esclave partage la vie de son maître, alors que l'artisan vit au loin, si bien qu'il lui revient autant de vertu qu'il lui appartient de servitude. Car l'artisan spécialisé vit une sorte d'esclavage, mais à temps partiel, et si l'esclave vit au nombre de ceux qui ont une condition naturelle, il n'en est pas de même pour un cordonnier ni pour aucun autre artisan[12]. (14) Il est donc clair que le maître doit être la cause de la vertu de son esclave, mais pas parce qu'il possède un savoir magistral qui lui permettrait d'instruire son esclave[13]. Aussi ont-ils tort ceux qui prétendent que les esclaves ne possèdent pas la raison et qui disent qu'il ne faut les utiliser qu'en leur donnant des ordres. Car c'est plutôt les esclaves que les enfants qu'il faut admonester[14].

(15) Sur ces questions, voilà nos positions définies. Pour ce qui est de l'homme et de la femme, des enfants et du père, de la vertu propre à chacun et de leurs rapports entre eux, de ce qui est bien, de ce qui n'est pas bien, des moyens de parvenir au bien et d'éviter le mal, ces problèmes prendront nécessairement place dans l'examen des différentes constitutions. Puisque toute famille est une partie de la cité, que tous ces gens[15] font partie de la famille et que la vertu de la partie doit être considérée par rapport à celle du tout, il est nécessaire que ce soit en considérant quelle est la constitution qu'on éduque les enfants et les femmes, s'il importe vraiment[16], pour que la cité soit bonne, que les enfants soient bons et les femmes bonnes. (16) Et il est nécessaire que cela importe, car les femmes constituent la moitié de la population libre, et les enfants donneront des membres de la communauté politique.

Puisque[17] ces questions ont été traitées, et que celles qui ne l'ont pas été le seront ailleurs, laissons là notre propos en le considérant comme clos, et faisons prendre à notre étude un nouveau départ en examinant d'abord les avis exprimés par d'autres à propos de la constitution excellente.

11. Le terme n'est pas le même que plus haut (cf. chapitre XI, note 7) : Aristote écrit « *technitès* ». Mais quelques lignes plus bas il reprend le mot de *banausos*.

12. On n'est pas cordonnier par nature. En un sens, donc, l'artisan a une condition éthique moins enviable que celle de l'esclave : pour celui-ci, en effet, les relations avec son maître — avec lequel il passe toute sa vie — lui permettent de réaliser sa vraie nature, c'est-à-dire d'atteindre le bonheur auquel il était destiné. Si bien que la phrase précédente de notre texte signifie que le meilleur moment de la vie de l'artisan est celui où il a, au service d'un employeur, une vie d'esclave; le plus mauvais moment étant celui où il doit assumer lui-même sa propre direction, ce dont il est la plupart du temps incapable par nature.

13. Texte peu sûr. Aristote a déjà soutenu que le maître l'est par nature et non à la suite d'un apprentissage.

14. Ceci aussi contre Platon, cf. chapitre VI, note 12.

15. Mari, femme, enfants.

16. Mot à mot « si cela fait une différence ». Aristote dit ici la vanité des grands principes abstraits d'éducation : de même qu'il y a une vertu propre à chaque état et non une vertu valable pour tous, de même on doit donner aux membres de la cité une éducation en harmonie avec la constitution de cette cité. La constitution d'une cité, établie par le ou les père(s) fondateur(s) est donc une donnée intouchable sur laquelle doivent être modelés les membres de la communauté.

17. Ces dernières lignes ont peut-être été ajoutées postérieurement pour donner l'illusion d'une continuité entre les livres I et II.

Femme jouant avec un enfant. Terre cuite. Ier siècle av. J.C.

Femme rangeant du linge. Terre cuite. Milieu du Ve siècle av. J.C.

Atelier d'un forgeron. Ve siècle av. J.C.

Cordonnier. Comme le montrent les exemples qu'il invoque, c'est pour Aristote l'artisan typique, pour lequel il vaudrait parfois mieux être esclave...

Mineurs travaillant dans une carrière d'argile. VIe siècle av. J.C.

Labourage. Mosaïque antique de St-Romain-en-Galle.

VI Documents et jugements sur Aristote

☐ 1. LE TESTAMENT D'ARISTOTE

DIOGÈNE LAËRCE

Ce texte nous a été transmis par le doxographe Diogène Laërce qui vécut environ sept siècles après Aristote. Mais cet éloignement temporel n'est pas un argument suffisant pour en contester l'authenticité. On y voit deux aspects d'Aristote inextricablement liés : il est à la fois chef de famille qui doit veiller à la destinée des siens, parents et esclaves, et chef d'école (Théophraste est son successeur à la tête du Lycée). La question de l'homosexualité (ou plutôt de la bisexualité d'Aristote) n'est pas tranchée par ce texte : le mot *paîs,* que le traducteur rend ici par « mignon », ne permet pas de décider (il signifie « enfant », mais désigne aussi l'esclave ou l'amant). Il est cependant à remarquer qu'Aristote parle de Myrmex juste après avoir parlé de sa femme Herphyllis.

VOILÀ donc quelle fut la vie de ce philosophe. J'ai eu la chance aussi de lire son testament, dont voici la teneur :

« Tout sera bien. Mais s'il arrive un malheur, voici les dernières dispositions d'Aristote. Antipater sera en tout mon exécuteur testamentaire. Jusqu'à la majorité de Nicanor, Aristomène, Timarque, Hipparque, Diotelès, Théophraste, s'ils veulent bien accepter cette charge, seront tuteurs et curateurs de mes enfants, d'Herphyllis et de tous mes biens.

Quand ma fille aura l'âge requis, qu'on la donne en mariage à Nicanor — s'il arrive malheur à ma fille ; ce qu'aux dieux ne plaise — avant son mariage ou après son mariage, avant qu'elle ait des enfants, Nicanor sera maître de décider et de mon fils et de mon bien comme il lui semblera digne de lui et de moi. Nicanor prendra soin de ma fille et de mon fils Nicomaque, et veillera à ne les laisser manquer de rien, se conduisant pour eux comme un père et un frère. S'il arrive quelque chose à Nicanor auparavant — ce que je ne souhaite pas — soit avant soit après son mariage avec ma fille, avant d'avoir des enfants, toutes ses décisions seront exécutoires, et si même il désire que Théophraste vive avec ma fille, que ce soit comme pour Nicanor. Sinon, les tuteurs délibérant avec Antipater décideront pour ma fille et mon fils ce qui leur paraîtra le meilleur. Les tuteurs et Nicanor se rappelleront aussi les rapports qu'Herphyllis eut avec moi, et comme elle me fut fidèle, et si elle veut prendre un mari, ils veilleront à ne pas la donner à un homme indigne de moi.

« On lui donnera, outre ce que je lui ai déjà donné, un talent d'argent pris sur mon héritage, trois esclaves si elle le veut, la petite esclave qu'elle a déjà, et le petit Pyrraios, et si elle veut habiter à Chalcis, on lui donnera le logement qui tient au jardin ; si elle préfère Stagire, on lui laissera la maison de mes parents. De toute façon, les tuteurs meubleront sa maison de la façon qui leur paraîtra la meilleure et qui plaira à Herphyllis. Nicanor prendra soin encore de reconduire convenablement chez ses parents mon mignon Myrmex, avec tous les dons que j'ai reçus de lui. On affranchira Ambracis, et on lui donnera, quand ma fille se mariera, cinq cents drachmes et la petite fille qu'elle a pour servante. On donnera aussi à Thalé, outre sa fillette qu'elle a achetée, mille drachmes et une petite esclave. A Simon, outre l'argent que je lui ai déjà donné pour avoir un esclave, on achètera un autre esclave, et on donnera d'autre argent. On affranchira Tychon le jour du mariage de ma fille, et avec lui Philon et Olympios et son mignon. On ne vendra aucun des enfants qui étaient à mon service, je le défends, mais on les gardera, et quand ils auront l'âge, on les libérera pour récompense. On prendra bien soin aussi des statues que j'ai commandées à Gryllion, et quand elles seront faites, on les consacrera. Ce sont celles de Nicanor, de Proxénos, que j'avais l'intention de faire faire, et celle de la mère de Nicanor. Celle d'Arimnestos, qui est achevée, sera consacrée pour que son souvenir ne soit pas perdu, puisqu'il est mort sans enfants. L'image de ma mère, on la placera dans le temple de Déméter à Némée ou en tel endroit qu'on préférera. En tout cas, au lieu où on aura élevé son tombeau, qu'on place aussi ses ossements, comme elle l'a demandé. Enfin Nicanor, en souvenir de son salut, consacrera, selon le vœu que j'ai fait pour lui, des statues de pierre de quatre coudées à Zeus sauveur et à Athéné salvatrice à Stagire. »

Diogène LAËRCE, *Vies, doctrines, sentences des philosophes illustres.*
Traduction de G. Genaille. Éd. Garnier-Flammarion.

☐ 2. ARISTOTE PHILOSOPHE MÉCONNU

G.W.F. HEGEL

Ses contemporains appelaient Hegel « l'Aristote des temps modernes ». Et les affinités entre les deux philosophes sont très grandes : c'est bien un projet aristotélicien que Hegel reprend à son compte, tant dans sa forme systématique et encyclopédique, que dans ses concepts mêmes qui ont, pour la plupart, une origine aristotélicienne. A partir de 1805 à Iéna, Hegel enseigne Aristote et, pour cela, traduit pour son propre compte plusieurs de ses textes. La première chose qui frappe Hegel c'est la connaissance insuffisante que ses contemporains ont des textes d'Aristote.

On peut trouver une raison d'être prolixe au sujet d'Aristote, si l'on considère qu'aucun philosophe n'a subi autant de tort de la part de traditions entièrement dénuées de pensée qui se sont perpétuées au sujet de sa philosophie, et qui sont encore à l'ordre du jour, bien qu'il ait été des siècles durant le maître de tous les philosophes. On lui attribue des vues qui sont diamétralement opposées à sa philosophie. On lit beaucoup Platon ; Aristote est presque inconnu à l'époque moderne, et il règne à son endroit les préjugés les plus faux. Personne pour ainsi dire ne connaît ses œuvres spéculatives et logiques ; à l'époque moderne on a rendu davantage justice à ses œuvres d'histoire naturelle, mais il n'en a pas été de même pour ses vues philosophiques. C'est une opinion très largement répandue (c'est l'opinion ordinaire) de dire que les philosophies platonicienne et aristotélicienne sont diamétralement opposées : celle-là serait un idéalisme, celle-ci un réalisme, et un réalisme au sens le plus trivial. Platon aurait pris pour principe l'idée, l'idéal, il tirerait de lui-même l'idée intérieure ; selon Aristote, l'âme serait une *tabula rasa,* recevrait d'une manière entièrement passive toutes ses déterminations du monde extérieur, sa philosophie serait un empirisme, le lockisme le plus vulgaire, etc. Nous verrons que ce n'est guère le cas. En réalité, Aristote est supérieur à Platon en profondeur spéculative en tant qu'il a connu la spéculation, l'idéalisme le plus rigoureux, et qu'il l'affirme au sein du plus ample développement empirique. Aujourd'hui encore, notamment chez les Français, existent des vues entièrement fausses au sujet d'Aristote. Un exemple de la manière dont la tradition lui attribue aveuglément quelque chose sans aller vérifier dans ses œuvres elles-mêmes si cela s'y trouve ou non : dans les anciennes esthétiques, les trois unités du drame — unités d'action, de temps et de lieu — ont été prônées comme « *règles d'Aristote, la saine doctrine* ». Or Aristote parle seulement de l'unité d'action, accessoirement de l'unité de temps, et pas du tout de la troisième, de l'unité de lieu. (...)

Selon la représentation commune que l'on se fait de la philosophie aristotélicienne, elle reposerait sur l'empirie, et Aristote aurait fait de ce que l'on appelle l'expérience le principe du savoir, du connaître. Si fausse que soit cette vue, l'origine doit en être cherchée, en un sens, dans la manière aristotélicienne de philosopher. Pour démontrer le bien-fondé d'une telle conception, on a utilisé quelques passages particuliers spécialement choisis à cet effet, que l'on a interprétés quasi isolément.

Le caractère général du philosopher aristotélicien a déjà été indiqué. Il ne faut pas chercher dans Aristote un système philosophique. Mais son esprit s'étend à toute la sphère des représentations humaines, qu'il a soumises à sa pensée ; d'où l'ampleur de sa philosophie. Dans les divisions particulières de l'ensemble, la démarche d'Aristote est tout aussi peu déductive ; il paraît au contraire adopter un point de départ empirique, il raisonne, il parle à partir d'expériences. Sa manière est souvent celle de la ratiocination ordinaire ; mais ce qui est caractéristique, c'est que tout en procédant de la sorte, il ne cesse jamais d'atteindre à la plus grande profondeur spéculative.

G.W.F. Hegel, *Leçons sur l'histoire de la philosophie.*
Traduction de Pierre Garniron. Éd. Vrin.

☐ 3. ARISTOTE PÈRE DE LA SCIENCE

G. CUVIER

Georges Cuvier (1769-1832) qui, en fondant notamment l'anatomie comparée, tient dans l'histoire des sciences naturelles une place comparable à celle de Lamarck et de Darwin, était aussi un historien des sciences. Son énorme *Histoire des sciences naturelles depuis les origines jusqu'à nos jours chez tous les peuples connus* peut encore être utilisée avec profit. Cet hommage enthousiaste est d'autant plus intéressant qu'il émane d'un véritable savant.

AVANT Aristote, la philosophie, entièrement spéculative, se perdait dans des abstractions dépourvues de fondemens; la science n'existait pas. Il semble qu'elle soit sortie toute faite du cerveau d'Aristote comme Minerve, toute armée, du cerveau de Jupiter. Seul, en effet, sans antécédens, sans rien emprunter aux siècles qui l'avaient précédé, puisqu'ils n'avaient rien produit de solide, le disciple de Platon découvrit et démontra plus de vérités, exécuta plus de travaux scientifiques, en une vie de soixante-deux ans, qu'après lui vingt siècles n'en ont pu faire, aidés de ses propres idées, favorisés par l'expansion du genre humain sur la surface habitable du globe, par l'imprimerie, par la gravure, la boussole, la poudre à canon, l'alcool et le concours de tant d'hommes de génie qui ont à peine pu glaner sur ses traces dans le vaste champ de la science.

Le premier, après Socrate, Aristote enseigna et suivit, mais sur une échelle bien autrement étendue, la méthode d'observation, et il plaça ainsi les sciences sur leur vrai terrain. Cette méthode, malgré les admirables résultats qu'elle produisit entre ses mains, fut longtemps méconnue : mais enfin le 17e siècle la réhabilita, et en fit à tout jamais l'instrument le plus fécond et le plus certain des progrès des sciences naturelles.

Toutes les connaissances humaines, avant Aristote, étaient confondues en une seule science nommée philosophie, et les objets de ces connaissances composaient un seul grand tout nommé la nature. Aristote soumit ce grand tout à plusieurs divisions d'une haute importance, et avec lui commença ainsi l'analyse. Les sciences connues de son temps, la physique, la métaphysique, l'histoire naturelle, la chimie, la politique, la poétique, la théorie des arts, furent classées à part et devinrent des spécialités. Chacune de ces spécialités fut subdivisée d'après des analogies aussi naturelles que celles qui avaient servi de bases aux premières divisions, et ainsi Aristote put se livrer avec netteté aux études les plus détaillées et les plus profondes. Il réunit ensuite les diverses parties de son travail, et en forma le plus grand corps de doctrine, le système le plus vaste qui ait jamais été produit. C'est un résultat unique de la toute-puissance de la patience qui recueille les détails, et du génie généralisateur qui fait sortir de leur rapprochement et de leur comparaison, les méthodes et les théories les plus élevées.

Georges CUVIER, *Histoire des sciences naturelles depuis les origines jusqu'à nos jours chez tous les peuples connus*. 7e leçon.

☐ 4. ARISTOTE OBSTACLE A LA SCIENCE

L. ROBIN

Bien que connaissant parfaitement les textes d'Aristote, Léon Robin, l'un des plus grands historiens de la philosophie antique au début de ce siècle, reste néanmoins un partisan de la tradition platonicienne contre l'Aristotélisme. Il faut sans doute dire que Cuvier et lui ont, à des niveaux différents, tous les deux raison.

PEUT-ÊTRE définirait-on sans injustice Aristote en disant qu'il a été trop et trop peu philosophe : dialecticien adroit et retors, il n'est ni profond ni original. Le plus clair de ses inventions consiste en formules bien frappées, en distinctions verbales qu'il est facile de manier : il a monté une machine dont les ressorts, une fois mis en branle, permettent l'illusion d'une réflexion pénétrante et d'un savoir réel. Mais le pire malheur, c'est qu'il a employé cette machine à battre en brèche, et Démocrite, et Platon. Ainsi il a, pour longtemps, détourné la science des voies où elle aurait pu accomplir assez vite de décisifs progrès. Par contre, et c'est ce qui justifie cette longue étude, il a été un puissant encyclopédiste et un maître professeur : il a possédé l'universalité des connaissances de son temps, et il a su les systématiser avec beaucoup d'art en leçons et en traités. L'étendue et la variété de son œuvre, des qualités d'élaboration et de présentation incontestables, mais qui sont autre chose que l'esprit même de la recherche en matière de science comme de philosophie, voilà, abstraction faite de circonstances historiques particulières, ce qui a valu à sa philosophie et à son nom leur incomparable fortune.

Léon ROBIN. *La Pensée grecque et les origines de l'esprit scientifique.*
Éd. Renaissance du livre.

☐ 5. ARISTOTE « ESPION APPOINTÉ »

R. ALLENDY

Psychanalyste, le Dr René Allendy a écrit un livre tissu d'une haine proprement délirante à l'égard d'Aristote. Il veut y montrer que notre philosophe n'a cessé de trahir ceux auxquels il aurait dû être fidèle : Athènes, ses amis, son maître Platon, son roi Philippe II et le fils de celui-ci Alexandre, son élève; et qu'enfin il a trahi « l'esprit ». Il a manqué au Dr Allendy une analyse de sa propre animosité envers Aristote. Il apporte, en tout cas, et bien malgré lui, la preuve qu'en un certain sens l'Aristotélisme n'est pas tout à fait mort puisqu'il peut, aujourd'hui encore, susciter des passions aussi extrêmes.

TOUTE la dignité humaine réside dans la pensée et limiter tant soit peu celle-ci, par égard aux contingences matérielles ou, qui plus est, aux intérêts pécuniaires représentant la plus basse nécessité, c'est avilir ce qui est sans prix par une sorte de monnayage intolérable. On voudrait, dans un monde où tout est mis sur le marché, voir certains titres de noblesse échapper aux compromissions. Malheureusement, l'intelligence s'est quelquefois prostituée par suite de la lâcheté des penseurs. Ceci est infiniment regrettable, mais truquer l'œuvre intellectuelle pour cacher en elle la volonté utilitaire et bassement possessive des conducteurs d'hommes, mais falsifier la structure intime de la pensée, faire de l'œuvre un moyen de tromper, un piège, une chaîne d'esclavage, tel est sans doute le suprême crime sur le plan spirituel. Il ne s'agit plus alors de prostitution mais de trahison et quelle trahison !

Trahir des hommes sur le plan de l'action sociale, c'est aborder les luttes pour l'existence avec les armes les plus viles. La conscience humaine ne connaît rien de plus misérable que les traîtres, mais ce n'est pas sortir ici des conditions naturelles : la feinte est une des ressources vitales pour les créatures en guerre. Trahir l'esprit qui est l'essence même de la liberté, c'est sortir des conditions naturelles, car aucune nécessité de conservation ne peut jamais forcer quelqu'un à vendre son âme au diable. Il y a là une sorte de blasphème gratuit, une mystique de l'infamie. Aristote aurait manqué à sa vocation de traître s'il ne l'avait pas accomplie. Par là d'ailleurs, et dans le sens infernal, il est devenu grand. Dans cette Athènes où, plus que partout au monde, la pensée était libre et qui, pour cela même, est restée le modèle inégalé de la suprême beauté, le métèque macédonien Aristote, espion appointé, a construit un monument de trahison spirituelle qui devait survivre aux siècles pour le grand déshonneur de l'humanité.

Si toute chose doit être jugée par sa fin ou sa conclusion, l'œuvre d'Aristote se distingue de toutes les autres doctrines philosophiques par ce fait qu'elle justifie le droit du plus fort, l'esclavage, la guerre, l'exploitation du pauvre par le riche et tout ce qui rend l'humanité odieuse. Pour en arriver là, elle part des considérations métaphysiques apparemment les plus désintéressées à travers un réseau de déductions logiques où se retrouve la manière des arguties sophistiques tant méprisées par Platon et Socrate, le tout dans de pesants et dogmatiques traités.

Aristote avait pu apprécier à la cour macédonienne combien la forme idéaliste de l'Académie aurait pu déplaire à ses maîtres. Il en prit manifestement le contre-pied.

Dr René ALLENDY, *Aristote ou le complexe de trahison.*
Éd. du Montblanc, 1943.

VII Documents et jugements sur la *Politique* d'Aristote

☐ 7. LA LOI DE LA VALEUR

K. MARX

C'est aussi dans la tradition aristotélicienne que se situe Marx. Il avait une connaissance directe et assez précise des textes d'Aristote. Il reconnaît ici sa dette envers un passage de notre livre I de la *Politique.*

TROISIÈME *particularité de la forme équivalent :* le travail concret qui produit l'équivalent, dans notre exemple, celui du tailleur, en servant simplement d'expression au travail humain indistinct, possède la forme de l'égalité avec un autre travail, celui que recèle la toile, et devient ainsi, quoique travail privé, comme tout autre travail productif de marchandises, travail sous forme sociale immédiate. C'est pourquoi il se réalise par un produit qui est immédiatement échangeable avec une autre marchandise.

Les deux particularités de la forme équivalent, examinées en dernier lieu, deviennent encore plus faciles à saisir, si nous remontons au grand penseur qui a analysé le premier la forme valeur, ainsi que tant d'autres formes, soit de la pensée, soit de la société, soit de la nature : nous avons nommé Aristote.

D'abord Aristote exprime clairement que la forme argent de la marchandise n'est que l'aspect développé de la forme valeur simple, c'est-à-dire de l'expression de la valeur d'une marchandise dans une autre marchandise quelconque, car il dit :

« *5 lits = 1 maison* « ne diffère pas » de :

« *5 lits = tant et tant d'argent.* »

Il voit de plus que le rapport de valeur qui contient cette expression de valeur suppose, de son côté, que la maison est déclarée égale au lit au point de vue de la qualité, et que ces objets, sensiblement différents, ne pourraient se comparer entre eux comme des grandeurs commensurables sans cette égalité d'essence. « L'échange, dit-il, ne peut avoir lieu sans l'égalité, ni l'égalité sans la commensurabilité. » Mais ici il hésite et renonce à l'analyse de la forme valeur. « Il est, ajoute-t-il, impossible en vérité que des choses si dissemblables soient commensurables entre elles », c'est-à-dire de qualité égale. L'affirmation de leur égalité ne peut être que contraire à la nature des choses ; « on y a seulement recours pour le besoin pratique ».

Ainsi, Aristote nous dit lui-même où son analyse vient échouer —, contre l'insuffisance de son concept de valeur. Quel est le « je ne sais quoi » d'égal, c'est-à-dire la substance commune que représente la maison pour le lit dans l'expression de la valeur de ce dernier ? « Pareille chose, dit Aristote, ne peut en vérité exister[1]. » Pourquoi ? La maison représente vis-à-vis du lit quelque chose d'égal, en tant qu'elle représente ce qu'il y a de réellement égal dans tous les deux. Quoi donc ? Le travail humain.

Ce qui empêchait Aristote de lire dans la forme valeur des marchandises, que tous les travaux sont exprimés ici comme travail humain indistinct et par conséquent égaux, c'est que la société grecque reposait sur le travail des esclaves, et avait pour base naturelle l'inégalité des hommes et de leurs forces de travail. Le secret de l'expression de la valeur, l'égalité et l'équivalence de tous les travaux, parce que et en tant qu'ils sont du travail humain, ne peut être déchiffré que lorsque l'idée de l'égalité humaine a déjà acquis la ténacité d'un préjugé populaire. Mais cela n'a lieu que dans une société où la forme marchandise est devenue la forme générale des produits du travail, où, par conséquent, le rapport des hommes entre eux comme producteurs et échangistes de marchandises est le rapport social dominant. Ce qui montre le génie d'Aristote, c'est qu'il a découvert dans l'expression de la valeur des marchandises un rapport d'égalité. L'état particulier de la société dans laquelle il vivait l'a seul empêché de trouver quel était le contenu réel de ce rapport.

K. MARX, *Le Capital,* livre I, 1re section, chapitre I.

□ 7. ARISTOTE « LE PÈRE DES SOCIOLOGUES »

ALAIN

Alain remarque dans cet extrait le caractère absolument nouveau des recherches d'Aristote sur la société, notamment par rapport à la *République* et aux *Lois* de Platon.

L'ARISTOTE moraliste est tel que [sa] métaphysique panthéiste le fait prévoir. Le bien absolu n'est rien pour personne ; le bien de chaque être est impossible à arracher de lui ; la justice est impossible à arracher des conditions de la vie, parmi lesquelles il faut compter la famille, le commerce, la politique. Aristote est le père des sociologues. Il y a une justice du roi, une justice de la mère, une justice de l'enfant. Et, encore plus près, il y a une justice de chacun, une tempérance de chacun, enfin une perfection de chacun, qui dépend de ses puissances propres, et résulte de leur développement. De quoi le plaisir et le bonheur sont des signes ; car le vrai géomètre est celui qui se plaît à la géométrie, et le vrai tempérant est celui qui se plaît à la tempé-

1. *Éthique à Nicomaque,* l. V, chapitre V, pp. 5, 13 (N.R.).

rance. Il n'est donc point vrai que notre nature soit notre ennemie, notre nature, ni non plus cette nature politique d'où nous sommes nés aussi, ni la grande nature, si profondément harmonieuse à nous. C'est pourquoi il n'est pas raisonnable de se séparer des communs jugements et de la commune pratique, ni des modèles vivants, ni de l'exemple, ni du conseil. L'élève de Platon devait en venir là ; et c'est la forme même du Platonisme, c'est le pur désert platonicien, qui devait le rendre aux hommes. Mais comptons alors comme un remords la continuelle polémique. C'est ainsi que nous voyons que du moderne Platonisme, qui est le Kantisme, chacun veut s'évader, et se dire qu'il faut pourtant penser et agir selon le monde. Mais le plus résolu des physiciens ne peut s'empêcher de revenir quelquefois à la pure géométrie, ou au moins de la regretter, comme le plus résolu des politiques revient à la justice première, ou la regrette. Ce sont deux moments ou pulsations de la pensée, élargies en ces deux systèmes de Platon et d'Aristote. La seconde a plus de complaisance. On retrouvera l'une et l'autre dans les querelles du socialisme comme dans la philanthropie des banquiers. Ce n'est pas par hasard que l'Église fut Platonicienne premièrement et Aristotélicienne ensuite ; et cela éclaire assez bien les querelles de jansénistes et de jésuites, qui sont les formes passagères d'une querelle éternelle. Car il faut vivre ; et toutefois, c'est ce que Platon n'a jamais dit. Socrate, après le jugement, adresse cette parole à ses juges : « Nous voilà partis chacun de notre côté, moi pour mourir, et vous pour vivre. Qui a pris le meilleur parti, Dieu le sait. »

ALAIN, *Platon* dans *Les Passions et la sagesse*. Bibl. de la Pléiade.

☐ 8. LA CONTRADICTION PRINCIPALE DE LA POLITIQUE ARISTOTÉLICIENNE

M. DEFOURNY

L'ouvrage que M. Defourny a écrit en 1932 reste l'un des plus utiles pour la compréhension de la *Politique* d'Aristote. Cet extrait met bien en valeur ce qui est peut-être l'une des difficultés principales de cette œuvre : son caractère réactionnaire du point de vue économique (à l'époque d'Aristote l'autarcie ne peut plus être qu'un rêve nostalgique) qui prétend se concilier avec une conception politique que l'on peut dire d'avenir en ce qu'elle prétend dépasser l'isolement de la cité.

IMPOSSIBLE de ne pas être frappé de la contradiction qui existe entre la pensée économique du Stagirite et sa pensée politique. Au point de vue économique, Aristote est un rétrograde qui voudrait enrayer l'essor de l'industrie et du commerce, retenir la Grèce dans l'organisation urbaine et même la ramener à la civilisation agricole. Chaque cité, voire chaque famille, doit se suffire complètement par son travail et ne rien demander à l'échange extérieur. Son idéal doit être l'autarcie . Y déroger est un malheur et un pis-aller. Faire des États grecs autant de démocraties rurales, composées de paysans aisés quoique pas riches, sans industrie d'exportation, avec les métiers strictement indispensables, ne recourant pas aux importations : tel est le régime d'économie fermée que propose Aristote[1]. Au point de vue politique, note toute différente et très progressive : dans l'isolement, les États sont incapables de se maintenir; l'union est le besoin des besoins; ensemble ils doivent former une vaste alliance au sein de laquelle chacun a sa paix et son indépendance garanties par tous les autres. On souhaite au point de vue politique des rapports qu'on répudie au point de vue économique. Fédération politique, isolement économique, voilà le programme d'Aristote. Les deux articles de ce programme ne sont-ils dans un antagonisme qui le rend irréalisable?

M. DEFOURNY, *Aristote, Études sur la Politique*. Éd. Beauchesne, 1932.

☐ 9. « LES INTUITIONS D'ARISTOTE »

K. POLANYI

Dans le livre remarquable qu'il a publié avec C. Arensberg, *Les Systèmes économiques dans l'histoire et dans la théorie,* Karl Polanyi reconnaît que la théorie économique commence avec Aristote.

QUAND Aristote traitait d'un problème économique, il s'efforçait de développer sa relation avec la société conçue comme un tout. Le cadre de référence était la communauté en tant que telle, qui existe à différents niveaux à l'intérieur de tous les groupes humains en fonctionnement. En termes modernes, donc, Aristote abordait les affaires humaines de manière sociologique. En délimitant un champ d'étude, il reliait tous les problèmes d'origine et de fonction d'une institution, à la totalité de la société. Communauté, autosuffisance et justice constituaient les concepts clefs. Le groupe en activité forme une communauté *(koinônia)* dont les membres sont unis par leur bon vouloir *(philia)*. Qu'il s'agisse de l'oikos, de la polis, ou de toute autre communauté, il existe toujours une sorte de philia propre à cette koinônia, indépendamment de laquelle le groupe ne pourrait pas subsister. La philia s'exprime dans un comportement de réciprocité *(antipeponthos)*[2], lequel est une disposition à assumer les charges à tour de rôle et à partager mutuellement. Tout ce qui est nécessaire à la continuité et au maintien de la communauté, y compris son autosuffisance *(autarkeia)*, est « naturel » et intrinsèquement juste. On peut dire que l'autarcie est l'aptitude à subsister

1. Cf. *supra,* 1re partie, pp. 24, 86, 127, 132 et *passim.*
2. Aristote, *Éthique à Nicomaque,* I132b, 21, 35.

sans dépendre des ressources de l'extérieur. La justice (contrairement à notre propre conception) implique que les membres de la communauté soient dans une situation d'inégalité. Ce qui garantit la justice, qu'il s'agisse de la répartition des avantages de la vie, de l'arbitrage des conflits ou du règlement des services mutuels, est considéré comme bon puisque nécessaire à la continuité du groupe. La normativité est donc inséparable de la réalité.

Ces indications sommaires sur l'ensemble du système devraient nous permettre de dégager les conceptions d'Aristote sur le commerce et les prix. Le commerce est « naturel » quand il assure la survie de la communauté en maintenant son autosuffisance. Le besoin s'en fait sentir aussitôt que la famille étendue devient trop nombreuse et que ses membres sont forcés de se séparer. Leur autarcie serait alors totalement compromise si n'intervenait le partage *(metadosis)* des surplus. La mesure du partage des services (ou éventuellement des biens) dépend de ce que nécessite la philia pour que se perpétue le bon vouloir entre les membres de la communauté. Car, sans elle, la communauté cesserait d'exister. Le juste prix découle donc des besoins de la philia tels qu'ils sont exprimés dans la réciprocité, essentielle à toute communauté humaine.

Karl POLANYI, « Aristote découvre l'économie » *in* K. Polanyi et C. Arensberg, *Les Systèmes économiques dans l'histoire et dans la théorie.* Éd. Larousse, 1975.

☐ 10. DOCUMENT ANNEXE : ARISTOTE ET L'ESCLAVAGE LIGNAGER

Le lecteur trouvera ici reproduit un large extrait d'un article que j'ai publié dans la *Revue philosophique de la France et de l'étranger* sous le titre « La théorie aristotélicienne de l'esclavage : tendances actuelles de l'interprétation » (1982, n° 2, pp. 345-357). Je remercie la *Revue philosophique* et ses directeurs MM. Pierre-Maxime Schuhl et Yvon Brès d'en avoir autorisé la reproduction.

MAIS recommander aux historiens de la philosophie de lire Finley ne saurait les surprendre, tant c'est déjà pour eux une habitude ancienne que de recourir aux historiens. Il est par contre une autre discipline, malheureusement moins prisée de ces mêmes historiens de la philosophie antique, qui me paraît un instrument irremplaçable pour avancer dans la voie de l'explication de la doctrine aristotélicienne de l'esclavage, c'est l'*anthropologie sociale.*

Certes un pas décisif avait été franchi par Louis Gernet et ses continuateurs comme Jean-Pierre Vernant et Pierre Vidal-Naquet (pour ne parler que des chercheurs de langue française), quand ils ont montré que les concepts de l'anthropologie s'appliquaient aussi à la société grecque ancienne. Cette démarche, qui nous paraît aujourd'hui aller de soi, avait permis un progrès important en deux domaines. Celui des études anciennes d'abord en mettant fin à une conception, en définitive raciste, qui faisait de la civilisation hellénique une culture à part non justiciable des catégories qui nous servent à penser les autres cultures : on songe un peu, *mutatis mutandis,* à Darwin réfutant l'idée d'un « règne humain » séparé du règne animal. Celui de l'anthropologie elle-même ensuite : cette extension de ses concepts et méthodes à l'aire culturelle grecque a contribué à lui donner la force de devenir ce qu'elle devait être, la science de *toutes* les formations sociales et non plus seulement l'étude des « sociétés primitives ».

Or, à l'heure actuelle, l'esclavage est au centre de la recherche anthropologique, notamment du fait de la multiplication des études portant sur les rapports de dépendance au sein des sociétés lignagères. Nous savons aujourd'hui — mais l'avons-nous jamais vraiment *totalement* ignoré, même du temps où un néo-rousseauisme trouble régnait sur l'anthropologie « primitive »? — que les sociétés lignagères, sociétés pourtant sans État, donc, du point de vue marxiste, sans classes, non seulement étaient traversées de rapports hiérarchiques fort peu plastiques, mais avaient même souvent des esclaves. Et il s'agit d'un esclavage véritable, non d'une forme de dépendance qui en aurait abusivement reçu le nom. Les esclaves y sont des travailleurs acquis contre leur gré (par la guerre, l'enlèvement ou le commerce), qui sont *propriété* non, sans doute, d'un individu, mais d'un lignage, et qui, cependant, restent exclus de ce lignage : ainsi la plupart du temps reçoivent-ils des noms symboliques qui rappellent leur asservissement, se voient-ils refuser les unions matrimoniales légitimes, sont-ils exclus de la vie politique et religieuse, encourent-ils des punitions spécifiques. Leur infériorité est marquée jusque dans la mort : souvent inhumés à la sauvette hors du champ sacré réservé à la dépouille des hommes libres, ils sont parfois sacrifiés pour accompagner leurs maîtres dans l'au-delà ou manifester la richesse du lignage qui les possède. Plusieurs traits caractéristiques, par contre, distinguent l'esclavage des sociétés lignagères de l'esclavage dans les sociétés étatiques et notamment dans la formation sociale grecque de l'époque d'Aristote, pour laquelle je parlerai de « mode de production esclavagiste », en donnant à cette expression un contenu plus descriptif que théorique. Relevons deux de ces traits. D'abord les esclaves sont en nombre limité, toujours très minoritaires par rapport à la population totale du lignage qui les possède. Prenant l'exemple d'un petit village adioukrou (basse Côte-d'Ivoire), Harris Mémel-Fotê a pu calculer qu'à la fin du 19e siècle, avant l'abolition officielle de l'esclavage par le colonisateur, la population servile, en majorité masculine, représentait 6,8 % de la population *actuelle* du village et qu'à cette époque le village était *plus peuplé* qu'aujourd'hui ; si bien que « chaque lignage possédait en moyenne deux esclaves »[1]. Dans de telles sociétés les maîtres pouvaient donc s'attendre à

1. Harris MÉMEL-FOTÊ, *Le système politique de Lodjoukrou, une société lignagère à classes d'âge (Côte-d'Ivoire),* Paris, éd. Présence africaine, 1980, p. 126, ouvrage excellent, l'un de ceux qui, sur un exemple précis, démontent le mieux les mécanismes des sociétés lignagères.

une criminalité servile, mais ils n'avaient à redouter aucun soulèvement d'esclaves. Deuxième trait : il existe un procès d'intégration des esclaves aux lignages dont ils dépendent. A l'origine l'esclave est doublement hors lignage : il vient d'ailleurs — car on ne peut avoir comme esclaves des gens de son peuple, et dans les sociétés où existe la réduction à l'esclavage en punition de certains délits, les condamnés sont cédés à d'autres peuples —, et sa descendance est par définition illégitime. Mais assez rapidement, souvent au bout de deux ou trois générations, les enfants issus d'esclaves peuvent être intégrés au lignage par une union matrimoniale légitime. Plusieurs études ont montré tout cela[2].

Il ne fait de doute pour personne que l'analyse aristotélicienne de l'esclavage — et surtout les chapitres qu'y consacre le livre I de la *Politique* — a une fonction idéologique au sens marxiste du mot. Il s'agit bien, en dernier ressort, de justifier, en prétendant la fonder sur des faits *naturels* donc incontestables, la pratique *sociale* de l'esclavage. Sur le fond de cette justification, nulle surprise : le discours des classes dominantes a toujours présenté l'oppression non seulement comme nécessaire (naturelle), mais comme profitable aussi à ceux qui la subissent. Il est donc bon pour l'esclave d'être esclave.

Pourtant nous aimons à penser qu'Aristote, dont le livre I de la *Politique* et le livre X de l'*Éthique à Nicomaque* nous montrent les positions paternalistes en ce qui concerne les relations entre maître et esclave, devait être choqué par la brutalité avide des entrepreneurs de son temps. Car la *réalité* de l'esclavage de son temps, c'est celle du mode de production esclavagiste, avec, notamment, de grandes concentrations de main-d'œuvre servile dans ce qu'on peut appeler des manufactures. En fait, des éventuelles positions humanitaires du Stagirite en faveur des esclaves nous ne savons rien : si ses textes condamnent l'exploitation forcenée du travail humain en vue des plus gros profits possibles, ce n'est pas pour alléger la peine des esclaves, mais pour permettre aux maîtres cet épanouissement intellectuel et affectif que peut seule procurer la vie de loisir. Pour lui donc les principales victimes du système esclavagiste, ce ne sont pas les esclaves qui, en travaillant, ne font que réaliser la fin que la nature leur a assignée, mais les maîtres guettés par la tentation du profit.

Mais finalement, par-delà les positions morales réelles ou supposées d'Aristote dans cette affaire, ce qui nous étonne le plus, c'est peut-être de le voir défendre en la justifiant une forme d'esclavage *domestique* qui était loin d'être la forme « de pointe » à son époque. Sans traiter ce problème en détail, on peut remarquer que souvent — et l'on peut même considérer cela comme une *règle* — la justification idéologique d'une pratique sociale est *décalée* par rapport à la pratique qu'elle prétend justifier. Ainsi voit-on à notre épo-

2. Voir par exemple C. MEILLASSOUX (sous la dir. de), *L'esclavage dans l'Afrique précoloniale,* Paris, Maspero, 1975 ; Susan MIERS et Igor KOPYTOFF, *Slavery in Africa, Historical and anthropological Perspectives,* University of Wisconsin Press, 1977.

que de mainmise des grands groupes transnationaux sur l'économie, la floraison chez certains idéologues d'un discours libéral. Peut-être la justification, conduite *défensive* et de ce fait incapable de produire du nouveau, est-elle condamnée à chercher ses modèles dans le « déjà-vu ». Mais si l'on prétend entrer plus avant dans le texte d'Aristote, le recours à l'anthropologie sociale devient inévitable.

Car il est insuffisant de dire que le Stagirite défend une forme *domestique* de l'esclavage qui, à son époque, n'est plus la seule existence et n'est peut-être même plus la forme dominante de l'esclavage. Je pense qu'on peut hasarder l'hypothèse suivante : Aristote n'est pas partisan d'une *forme restreinte* du mode de production esclavagiste, au sens où certains de nos contemporains peuvent, contre les grandes entreprises, se dire en faveur d'usines « à visage humain », mais qui continuent à fonctionner selon les normes de l'économie capitaliste. L'esclavage qu'Aristote défend n'est pas une conception hybride, mais cohérente : c'est l'esclavage lignager, sans doute présent à son époque et dans la mémoire collective grecque (et le texte aristotélicien n'est pas sans références archaïques : Homère, Hésiode), et chez les peuples barbares sans État dont les Grecs du 4ᵉ siècle ne pouvaient pas ignorer l'existence. On peut asseoir cette hypothèse sur plusieurs remarques.

Il est d'abord certain que pour Aristote l'esclave n'est, dans la cellule productive que constitue la famille, qu'une force d'appoint en deux sens de cette expression. D'abord il est annexé à un lignage *déjà constitué*. L'ordre même d'exposition du texte de la *Politique* montre bien cela : Aristote n'y aborde le problème de l'esclavage qu'après y avoir défini et étudié la famille et le village. Or il s'agit là de deux réalités lignagères : cela est évident pour la famille, et Aristote l'affirme expressément du village, puisque, dit-il, ses membres « sont appelés « nourris du même lait », enfants et enfants d'enfants » (I, 2, 1252b17); or l'on sait que tout lignage *se définit lui-même* par une consanguinité au moins mythique. Les esclaves, au contraire, sont des gens possédés par le lignage mais non intégrés à lui. Force d'appoint aussi en ce que les esclaves semblent devoir être en nombre restreint. Certes ils sont nécessaires, puisque, ainsi que le rappelle un passage fameux et d'interprétation controversée, les navettes ne tissent pas toutes seules, mais ils sont comme « rajoutés » au travail du chef de famille et de sa parentèle. C'est en ce sens qu'il faut comprendre le passage dans lequel Aristote écrit que « le bœuf tient lieu de serviteur aux pauvres » (I, 2, 1252b12).

Comment un lignage se procure-t-il des esclaves ? Aristote n'aborde pas ce problème tout de suite, mais définit d'abord la place des esclaves au sein de la famille, puis les caractères qui font d'un individu un « esclave par nature ». Dans la logique de sa doctrine selon laquelle doivent être esclaves ceux à qui la nature a donné une âme d'esclave et pour lesquels il est à la fois impossible de commander et avantageux d'obéir, on devrait s'attendre à ce qu'Aristote pense possible l'asservissement de certains membres de la famille reconnus stupides. D'autant plus que le Stagirite affirme souvent que, dans notre monde sublunaire, les aléas de la reproduction des vivants peuvent fort bien pourvoir le sage d'une descendance indigne, voire physiquement et intellectuellement monstrueuse. D'autre part, s'il rapporte plusieurs fois l'opinion que les barbares sont naturellement esclaves, il la présente comme une opinion commune des Grecs qu'il appuie même une fois de l'autorité d'Homère (I, 2, 1252b9) et ne la reprend pas expressément à son compte : il s'interdit donc de poser un critère « racial » absolu qui donnerait une solution immédiate au problème de l'approvisionnement en esclaves[3]. Tout est donc en place pour qu'Aristote lie ce problème à la constitution d'une psychologie des aptitudes, ayant une fonction socio-idéologique comparable à celle de nos tests psychologiques, qui aurait donné un semblant d'objectivité à la discrimination homme libre-esclave. Pourtant, en fin de compte, Aristote affirme en son nom propre, et non en citant l'opinion d'autrui que « l'art d'acquérir des esclaves, celui qui est légitime (...) a rapport à l'art de la guerre ou de la chasse » (I, 7, 1255b37). *Contre la logique même de ses conceptions psychologiques et génétiques,* Aristote soutient donc la thèse que l'esclave c'est celui qui se capture : il est donc comme contraint par quelque chose qui est, en quelque sorte, plus fort que la logique de son propre discours[4]. Je suis assez enclin à penser que cette « chose » vient du système esclavagiste *lignager :* c'est le refus d'admettre la possibilité de l'asservissement d'un membre de l'ethnie au sein de cette ethnie. Le mode de production esclavagiste, au contraire, même s'il a comme règle générale d'aller puiser ses esclaves dans les formations sociales extérieures, n'hésitera pas à asservir des *concitoyens,* pour dettes par exemple.

Il est une autre contradiction de la position aristotélicienne qui peut prendre un sens si l'on décèle, derrière la justification de l'esclavage par le Stagirite, la présence agissante de l'esclavage lignager. Il s'agit du problème, également examiné, nous l'avons vu, par Defourny, de l'affranchissement des esclaves. Sur l'affranchissement et les affranchis nous en savons beaucoup moins pour l'époque d'Aristote que pour l'Empire romain par exemple. Ce qui est certain, c'est que le mode de production esclavagiste ne peut pas se proposer l'affranchissement comme le destin *normal* de l'esclave ou de sa descendance. Sans invoquer de raisons économiques, et en s'en tenant aux

3. La perception des barbares par Aristote est complexe. Nul doute que, comme tous ses contemporains grecs, il ne croie à la supériorité des Hellènes. Mais il essaye de fonder cette supériorité sur des données objectives : d'où la théorie des climats de la *Politique* (VII, 7) qui n'est peut-être, de la part d'Aristote, qu'une référence à un savoir élaboré par d'autres et considéré par lui comme acquis (parmi ces « autres » il y aurait notamment l'auteur du traité hippocratique *Des airs, des eaux, des lieux*). Ainsi lit-on dans la *Politique* (III, 14, 1285 a20) : « Comme les barbares sont par le caractère naturellement plus serviles que les Grecs, et que les Asiatiques le sont plus que les Européens, ils supportent le pouvoir despotique sans jamais sourciller. » Finalement les textes d'Aristote me laissent l'impression — qui requerrait une étude plus précise pour devenir une conviction — que d'une part l'infériorité du barbare est « tendancielle » et non établie pour tous les cas, et que, d'autre part, cette infériorité s'applique surtout au barbare *dans son milieu* géo-politique.

4. Aristote relève lui-même plusieurs fois, chez ses prédécesseurs, le fait que la cohérence du discours se brise parfois sur quelque chose de plus solide qu'elle, notamment *les faits.* Cf. *Parties des animaux,* I, 1, 642a18; *Génération et corruption,* I, 8, 325a17...

sentiments conscients des acteurs sociaux, cela eût représenté un bouleversement inadmissible de l'ordre du monde : Georges Devereux l'avait montré à propos des hilotes dans un article remarquable[5]. Or Aristote déclare qu'il faut promettre la liberté comme récompense de leurs bons et loyaux services à *tous* les esclaves (*Politique,* VII, 10, 1130a31, repris par l'auteur de l'*Économique,* I, 5, 1344b15 qui écrit que la liberté doit être le terme-accomplissement *(télos)* fixé à tous les esclaves). Je ne crois pas que l'on puisse soutenir que ces textes recommandent aux maîtres de faire de fausses promesses pour avoir la paix domestique. Si bien que cette affirmation d'Aristote se trouve être en contradiction non seulement avec l'idéologie du mode de production esclavagiste, mais aussi avec la théorie aristotélicienne de l'esclavage naturel elle-même. Car l'esclave par nature ne pourra faire qu'un mauvais usage d'une liberté à laquelle il est naturellement inapte. Or de même que le mode de production esclavagiste sécrète nécessairement l'idée de la pérennité de la condition servile (l'affranchissement étant l'*exception*) de même le système esclavagiste lignager, les anthropologues que j'ai cités l'ont bien montré, *ne peut faire autrement* que de présenter l'intégration aux lignages comme la fin, au sens de *télos,* de l'esclavage. Le maintien de son idéologie patriarcale, notamment, est à ce prix. Encore une fois, donc, Aristote pense l'esclavage à travers les catégories de la société lignagère.

Je ferai ma dernière remarque sous la forme d'un commentaire du passage dans lequel Aristote prétend établir que l'esclave est un instrument dans l'ordre de la *praxis* et non de la production. Une lecture trop immédiate, et d'ailleurs encouragée par le fait qu'Aristote ne donne comme exemples de travaux serviles que des travaux que nous dirions aujourd'hui « d'intérieur » (cuisine...), pourrait laisser penser que pour Aristote les esclaves sont des « domestiques » au sens actuel du terme[6]. Et Jacques Brunschwig en concluait dans un article récent : « (...) le rôle que pouvait jouer l'esclavage dans la production agricole ou industrielle de la Grèce antique est tout bonnement escamoté par le théoricien Aristote »[7].

Reprenons rapidement la suite des idées de ce bref chapitre IV du livre I de la *Politique.* Il s'articule autour de deux grandes distinctions dont la première entre instruments *(organa)* animés et inanimés place l'esclave dans ceux-là. La deuxième, que l'on retrouve souvent chez Aristote, oppose production *(poïésis)* et action *(praxis).* Cette seconde distinction est introduite par le membre de phrase suivant : « En réalité on appelle instruments les instruments de production, alors que l'objet de propriété est de l'ordre de l'action » (1254a1). Aristote veut dire que ce n'est pas en un sens premier et propre que l'on pourra qualifier d'instrument un objet de propriété, et notamment un esclave. Je crois que l'on peut soutenir la même chose à propos des parties du corps des vivants : Aristote les appelle *organa,* mais *par*

5. G. DEVEREUX, La psychanalyse et l'histoire, une application à l'histoire de Sparte, *Annales, Économies, Sociétés, Civilisations,* 1965, n° 1, pp. 18-44.
6. Ainsi J. AUBONNET dans une note de sa traduction de la *Politique,* t. I, p. 18, n. 1 (rejetée p. 114).
7. L'esclavage chez Aristote, *Cahiers philosophiques* (CNDP), sept. 1979.

comparaison avec ces *organa* au sens premier que sont les outils *(cf.* par exemple *Parties des animaux* I, 1, 642a9-13*)*. Nous avons ensuite un syllogisme dont la majeure a été établie par un premier syllogisme :

— premier syllogisme : « L'objet de propriété est instrument en vue d'assurer la vie » (1253b31), « et l'esclave est un objet de propriété animé » (b32), d'où la conclusion sous-entendue : « L'esclave est un instrument en vue d'assurer la vie » ;
— deuxième syllogisme : « L'esclave est un instrument en vue d'assurer la vie », « La vie est *praxis* » (1254a7), « L'esclave est serviteur dans l'ordre de l'action » (a8).

De plus Aristote, sans doute pour éclairer son propos, introduit une comparaison : voulant établir que l'esclave est « pratique », il illustre la distinction entre production et *praxis* par l'exemple de la navette qu'il oppose au vêtement et au lit. Autrement dit l'esclave, sous le point de vue qui occupe Aristote, est comparable à un manteau mais non à une navette ; et contrairement à la navette, du manteau on ne tire que « son seul usage » (1254a4). Mais alors si on applique la formule à l'esclave, comme le texte nous invite à le faire, que signifie tirer de l'esclave « son seul usage » ?

Je maintiens qu'il n'y a pas là l'affirmation que l'esclave doit se cantonner aux seules tâches ménagères, mais que la solution de notre problème se trouve dans la mineure du deuxième syllogisme : « La vie est *praxis.* » Non seulement l'esclave fait partie de la vie familiale, mais à la fin du chapitre Aristote va plus loin puisqu'il dit que l'objet de propriété, et notamment l'esclave, est à son maître ce que la partie est au tout. L'esclave est certes, du fait de son autonomie individuelle, une partie « séparée » (1254a17), mais il y a dans le texte d'Aristote un modèle biologique sous-jacent par lequel il tente de penser les rapports maître-esclave. On pourrait en rendre compte en français, mais plus faiblement, par une métaphore biologique, en disant que l'esclave est « membre » de la famille.

Nous avons dans cette non-séparation, en un sens quasi biologique, du supérieur et des subordonnés, une des caractéristiques fondamentales de l'idéologie lignagère. Dans les sociétés lignagères, en effet, gérontocratiques, voire patriarcales, les dépendants sont de deux sortes (si on laisse de côté le cas des femmes pacifiquement acquises par l'échange matrimonial). Il y a d'abord les « enfants » qui sont comme les membres du (ou des) père(s) ou des ancêtres, comme les croyants sont membres du corps du Christ. Il y a aussi les esclaves, parties rajoutées et achetées, qui sont aux enfants ce que le manteau est au corps[8].

Certes l'esclave peut produire, et devenir de ce fait un instrument *poïétique ;* mais la main le peut aussi. Tous deux le feront par accident parce que

8. De même ceux que, sous l'Ancien Régime, on appelait des « domestiques » étaient à la fois considérés comme des membres de la famille et souvent attelés à des travaux productifs notamment agricoles.

leur maître et possesseur le leur enjoint. Mais *fondamentalement* Aristote pense l'esclavage dans une perspective organiciste qui est lignagère.

Les historiens de la philosophie antique ne doivent donc pas se désintéresser de ce concept de société lignagère et de tous les concepts conjoints que les anthropologues *sont en train de construire.*

Pour en revenir au texte aristotélicien lui-même, il est certain que sa principale « tension » est dans le décalage entre la tentative de penser (et de justifier) l'esclavage sous sa forme lignagère et la réalité grecque environnante, qui était celle d'un mode de production esclavagiste. On trouve, en filigrane du texte d'Aristote, l'idée que la forme prise par l'esclavage à son époque est une perversion, due à l'appétit de gain des maîtres, de la forme « naturelle » lignagère. Explication évidemment faible pour rendre compte du passage d'une forme à une autre, radicalement différente.

Et le texte de la *Politique* lui-même révèle parfois *d'où* est faite cette référence à un esclavage lignager depuis longtemps aboli : plusieurs fois on s'aperçoit que c'est un citoyen-philosophe qui parle et non un chef de lignage et que son propos, donc, présuppose le mode de production esclavagiste. Ainsi l'allusion à une formation professionnelle des esclaves dans des écoles spécialisées (1255b22 sq.) qu'Aristote semble approuver, ou le conseil qu'il donne de se décharger sur un intendant du soin de diriger le personnel servile (1255b36). Si bien qu'en définitive le discours d'Aristote est doublement décalé. Par rapport à son temps d'abord : homme du 4e siècle, il parle à ses contemporains d'une forme lignagère, devenue étrange, de l'esclavage. Mais décalé aussi par rapport à ce même esclavage lignager. Car étant amené à produire un discours justificatif qui tienne compte des querelles idéologiques de son époque (notamment à propos du caractère conventionnel ou non de l'esclavage), il tient sur la société lignagère un discours qui eût été totalement incompréhensible dans n'importe laquelle des sociétés lignagères ayant réellement existé.

Il est difficile aujourd'hui de mesurer l'efficacité idéologique de ce recours au passé dans la théorie aristotélicienne de l'esclavage. Mais cette théorie n'est-elle pas, au moins, l'un des plus remarquables exemples de la thèse selon laquelle une réalité sociale ne devient vraiment pensable qu'après son abolition ?

Pierre PELLEGRIN

Esclave attaché à un poteau. Bronze antique. De même que les théoriciens antiques ont peu parlé de l'esclavage, les artistes ont peu représenté les esclaves. Quand ils le font c'est sous la forme d'individus ridicules ou suppliciés.

Aristote et Phyllis - bois Lucas de Leyde - vers 1525. Dès le XIIIe siècle, avec le *Lai d'Aristote*, où l'on voyait le philosophe dompté par une femme rusée et perverse, s'impose l'image d'un Aristote intellectuel naïf parce que sa spéculation l'a coupé du monde concret.

glossaire

ÂME

C'est le terme consacré pour traduire « *psychè* » *(cf.* psychologie...*)*. Ce mot qui désignait originairement le souffle, en vint bientôt, dès les poèmes homériques, à signifier « souffle vital ». L'usage linguistique aussi bien que la tradition philosophique dont Aristote a hérité font donc de la *psychè* soit, le plus souvent, le principe de vie qui distingue le vivant du non vivant (que ce vivant soit un animal, une plante ou le cosmos lui-même : ainsi « l'âme du monde » dans le *Timée* de Platon par exemple), soit parfois le seuil qui, à l'intérieur du monde vivant, distingue ceux qui pensent des autres.

La conception aristotélicienne de l'âme semble avoir beaucoup varié au cours de la carrière du philosophe. A tel point que plusieurs interprètes contemporains ont voulu se servir de la doctrine de l'âme comme fil directeur dans l'établissement d'une chronologie des traités d'Aristote : cette doctrine se serait d'abord présentée sous une forme directement influencée par le Platonisme (l'âme subirait en étant jointe à un corps une union *contre nature* dont la philosophie aurait pour mission de la libérer), pour finalement, en parcourant un certain nombre de phases intermédiaires, en arriver à concevoir l'âme comme « forme » du corps (ainsi dans le *Traité de l'âme* lit-on que l'âme est au vivant ce que la « hachéité » est à la hache et la vue à l'œil, II, 1, 412b11).

Sans entrer dans ces détails nous pouvons retenir que pour Aristote l'âme est l'apanage de tous les êtres vivants, mais que du fait qu'il distingue des *parties* dans l'âme (comme le faisait, entre autres, Platon), certains vivants ont, si l'on peut dire, plus d'âme que d'autres. Ainsi les plantes ne possèdent-elles que l'« âme nutritive », alors que les animaux ont en plus l'« âme sensitive ». Quant à la partie intellectuelle de l'âme (*noûs,* d'où « noétique », « noumène »...), certains textes d'Aristote nous disent qu'il « vient du dehors » et est immortel, ce qui a incité certains commentateurs anciens à en faire une parcelle de l'intellect divin « prêtée » à l'homme pour le temps de sa vie.

ARÉTÈ

Ce terme, généralement traduit par « vertu » serait souvent (mais pas toujours) mieux rendu par « excellence », puisque le mot « vertu » a pris en français un sens presque exclusivement moral (bien qu'on parle encore de la vertu sédative d'un médicament). Ainsi, écrit Aristote « il faut dire que toute *arétè,* par rapport à la chose dont elle est l'*arétè,* mène cette chose à bonne fin et lui permet d'accomplir heureusement sa fonction (car c'est par l'*arétè* de l'œil que nous voyons bien). De même l'*arétè* du cheval le rend excellent pour le galop, pour porter son cavalier et pour faire face à l'ennemi » (*Éthique à Nicomaque,* II, 5, 110a15).

On comprend alors mieux la thèse qu'au chapitre VI (§ 3), Aristote recueille de l'opinion commune chez ses contemporains et fait sienne : l'*arétè* confère à celui qui la possède une certaine supériorité, ou, pour le dire autrement, celui qui l'emporte sur un certain point l'emporte toujours parce qu'il possède une certaine *arétè*.

En appliquant cette conception à l'esclavage, comme le faisait sans doute la majorité des gens de son époque, Aristote se rapproche peut-être plus de certains Sophistes comme le Calliclès du *Gorgias* de Platon (selon lequel il est *naturel* que le plus fort l'emporte) que de la tradition socratique.

CAUSE

Aristote répète souvent que la connaissance *scientifique* requiert la connaissance des causes. Mais sa conception de la science * et de la cause diffère de la nôtre. Pour Aristote il y a quatre causes, ce qui veut dire que les choses peuvent être expliquées de quatre points de vue différents correspondant à quatre questions distinctes qu'on peut poser à la réalité : — qu'est-ce que c'est ? (cause *formelle,* définition ou essence de la chose), — de quoi est-ce fait ? (cause *matérielle*), — qu'est-ce qui fait que la chose est ? (cause *motrice* ou *efficiente*), — en vue de quoi la chose est-elle ? (cause *finale*). Exemple : la cause matérielle de l'homme ce sont les menstrues (Aristote croyait que les règles de la mère constituaient la matière de l'embryon), sa cause motrice c'est le sperme du père, sa cause formelle c'est l'essence de l'homme, sa cause finale c'est la fin de l'homme (*Métaphysique* H, 4, 1044a35).

Aristote voit dans l'histoire de la philosophie un long cheminement vers la théorie des quatre causes ; en reconnaissant qu'il y a quatre causes (ni plus ni moins) l'aristotélisme se donne donc, en un double sens, comme la *fin* de la philosophie : à la fois le but que ses prédécesseurs visaient sans le savoir, et le système adéquat donc indépassable du savoir.

Ce qu'on a appelé le *finalisme* d'Aristote repose sur la thèse selon laquelle l'explication par la cause finale est celle qui rend compte du réel de la manière la plus satisfaisante. Mais cela ne disqualifie pas les autres causes qui sont subordonnées à la cause finale. La science moderne ne pourra se constituer qu'en liquidant la conception aristotélicienne de la causalité et notamment le finalisme. Seuls certains aspects de la cause *motrice* aristotélicienne survivront dans la notion moderne de cause.

DIFFÉRENCE SPÉCIFIQUE (DIAPHORA)

Cette notion ne se comprend que relativement à celles de *genre (génos)* et d'*espèce (eidos,* au pluriel *eidè).* Ainsi dans le genre « animal » l'espèce « homme » est-elle caractérisée par la différence spécifique « raisonnable ». Mais *génos* et *eidos* ne peuvent pas être considérés comme correspondant au genre et à l'espèce des sciences naturelles modernes. Les *eidè,* en effet, sont des réalités, de toutes sortes, *opposées,* mais dont l'opposition ne transgresse pas les limites d'une notion plus générale qui est leur *génos.* Ainsi le *génos* « vice » se spécifie en deux *eidè* qui sont l'« excès » et le « manque », car il y a deux manières opposées d'être vicieux, par exemple en étant soit lâche soit téméraire. Autre exemple dans un tout autre domaine : dans le *génos* « mode de locomotion » la patte et l'aile s'opposent comme deux *eidè.*

Par contre ne sera différence spécifique ni, au-dessous d'elle, la différence de degré, ni, au-dessus d'elle, une différence trop forte pour que ses termes puissent être subsumés sous un terme unique. Ainsi dire qu'une cité est une grande famille (c'est-à-dire ne reconnaître entre cité et famille qu'une différence de plus et de moins) est inacceptable pour Aristote qui reconnaît entre cité et famille une différence spécifique. D'un autre côté la vertu et le vice sont bien opposés, mais leur opposition ne se déploie pas à l'intérieur d'une notion plus générale qui serait leur *génos* commun : vice et vertu ne sont donc pas des *eidè,* mais chacun, dit Aristote, est un *génos.*

ETHNOS

Ce mot signifie « peuple », « race » *(cf.* « ethnologie »*).* Dans la *Politique* d'Aristote il désigne les peuples qui ne vivent pas en cités, qu'ils soient barbares (aucun peuple barbare ne vit en cité) ou grecs (certains Grecs vivent en cités, d'autres non). Le rapprochement que notre texte (chapitre II, § 6) fait entre famille et villages d'un côté et *ethnè* de l'autre peut être interprété comme relevant d'une conception évolutionniste de l'histoire des formations sociales comparable à celle de Morgan ou de Engels. L'*ethnos* serait alors un *stade* historique caractéristique des communautés humaines qui n'ont pas atteint cet épanouissement que représente la *polis* *. Mais rien dans le texte lui-même ne permet de décider formellement si Aristote pensait ou non qu'avec le temps toutes les communautés humaines étaient destinées à tendre vers cette forme parfaite qu'est la *polis* *.

NATURE (PHYSIS)

Au début du livre II de la *Physique,* Aristote définit les « êtres qui sont par nature » (par exemple les animaux et les plantes) en disant que, contrairement aux êtres techniques (par exemple un lit), ils ont en eux-mêmes le principe de leurs changements. Et la *physique* sera la science * des êtres en devenir en vertu d'un principe qui leur est immanent.

Mais l'expression « par nature » ou « selon nature » *(kata physin)* doit être comprise en un sens plus large, et recouvre l'un des concepts-clefs de la philosophie aristotélicienne : elle indique qu'un événement qui advient à une réalité donnée advient en vertu de la nature propre de cette réalité. Ainsi *par nature* un corps grave tombe vers le centre de la terre. Si, du fait de l'intervention d'une force extérieure, un événement affecte une réalité en s'opposant à la nature propre de cette réalité, Aristote dira cet événement « contre nature » *(para physin),* ou, surtout quand il s'agit d'un mouvement, « violent ». Ainsi la pierre que j'envoie en l'air subit, dans sa phase ascendante, un mouvement violent, contraire à sa nature de corps grave.

Les conséquences d'une telle doctrine en biologie, psychologie et anthropologie sont nombreuses. Voyons-en quelques-unes évoquées dans notre texte. D'abord la nature fournit une norme qui permet d'apprécier les êtres selon leur degré de conformité à leur type naturel. Or Aristote dit plusieurs fois que c'est l'adulte bien portant que l'on prend comme critère de la nature humaine et non l'enfant ou le malade. Donc la nature d'un être qui, chronologiquement, n'apparaît qu'à la fin du processus de développement, était en fait, depuis le début, le ressort secret de ce processus. D'où cette thèse aristotélicienne selon laquelle le tout est antérieur à la partie. Cela est vrai en biologie, mais aussi pour les réalités sociales : « la cité, dit notre texte, est par nature antérieure à la famille et à chacun de nous » (chapitre II, § 12). Ceci ne peut se comprendre qu'à la lumière de l'affirmation souvent répétée par Aristote selon laquelle l'antériorité chronologique *s'oppose* à l'antériorité logique : dans le temps la cité vient en dernier lieu, mais en tant que l'histoire est la réalisation de son concept, elle est présente dès le début. Les commentateurs ont rapproché cette doctrine de celle du concept hégélien ou, en biologie, de la notion de patrimoine génétique.

Ensuite il y a chez tout être des tendances naturelles *(cf.* chapitre I, note *2),* que la nature a placées au plus profond des êtres *bien constitués* parce qu'elles leur sont *utiles,* et des tendances *contre nature* qui sont soit le fait d'êtres dégénérés c'est-à-dire qui, pour des raisons diverses, se sont écartés du type naturel qu'ils devaient réaliser, soit le fait de mauvaises habitudes qui arrivent à étouffer la voix de la nature. Il en est de même, par exemple, pour les *plaisirs (cf.* chapitre VIII, note *6).* Dans le cas de la communauté politique, la tendance subjective des individus à former une telle communauté répond à un besoin naturel, puisque le couple homme-femme, la famille, le village et enfin la cité sont des *communautés naturelles.*

En filigrane de toutes ces analyses il faut voir le grand principe *finaliste* selon lequel Aristote mène son étude de la réalité tant naturelle que sociale et que nous trouvons plusieurs fois exprimé dans notre texte : *la nature ne fait rien en vain,* ou *la nature réalise toujours le meilleur.*

ORGANON

Ce terme, qui a peut-être une parenté étymologique avec le mot *ergon* qui signifie « action, œuvre, travail », a le sens premier d'« instrument ». Il désigne aussi les « organes » au sens biologique : Platon l'emploie pour désigner les organes des sens, mais il semble que ce soit Aristote qui ait définitivement assis le sens général d'organe pour désigner toute partie du corps remplissant une fonction. Ce fut une erreur répandue parmi les commentateurs modernes que de croire déceler chez Aristote une tendance à penser les processus techniques à travers les schèmes biologiques. L'emploi même du terme *organon,* dont le sens premier est instrumental et dont le sens organique n'est que dérivé, montre que c'est plutôt l'inverse qui est vrai.

POLIS

Ce terme peut désigner la *ville,* considérée avec ou sans l'arrière-pays qui la nourrit : dans la réalité comme dans l'idéologie grecque antique il n'y a pas d'opposition ville/campagne. Mais, par extension, le mot désigne aussi toute région habitée, c'est-à-dire arrachée à la sauvagerie ; on retrouve d'ailleurs partiellement cette idée dans le terme d'origine latine de *civilisation* (de *civis,* « citoyen ») qui a, cependant, plus d'affinité avec le second sens de *polis.* En ce sens *polis* désigne une *forme d'État* caractéristique du monde grec antique apparue au 8e siècle et qui dure, dans sa forme « pure » c'est-à-dire politiquement autonome, jusqu'au 4e siècle av. J.-C. C'est Philippe II de Macédoine, le protecteur d'Aristote, qui soumettra les cités grecques en inaugurant l'ère des grandes monarchies dites « hellénistiques » *(cf.* l'article de P. Vidal-Naquet et F. Châtelet indiqué dans la bibliographie*)*.

C'est en ce dernier sens qu'il est question de la *polis* dans notre texte, ce qui ne manque pas d'être paradoxal comme cela a été dit dans l'introduction (p. 21).

La *polis* « par nature antérieure à la famille et à chacun de nous » *(cf. nature *)* est pour Aristote la communauté humaine parfaite, qui permet non seulement la satisfaction des besoins des individus (ce qu'Aristote appelle « vivre »), mais aussi leur épanouissement intellectuel et affectif (ce qu'il appelle « bien vivre ») : quand on passe de l'*ethnos* * à la *polis* il y a donc un changement qualitatif qui se reflète dans la différence de mode de vie des membres de la communauté. Les hommes passent de la famille au village dans le but conscient de mieux satisfaire leurs besoins ou de satisfaire des besoins auparavant non satisfaits. Mais avec le passage à la *polis* il y a décalage entre l'intention et le résultat : les membres du village veulent recommencer, à une échelle plus vaste, l'opération d'agrégation qui les a conduits de la famille au village. Mais la communauté à laquelle ils parviennent, la *polis,* étant d'une autre nature, ils sont eux-mêmes transformés et accèdent à une vie pleinement humaine, dans un épanouissement matériel et moral dont ils ne pouvaient pas avoir idée dans le cadre du village.

Pour Aristote la *polis* achevée c'est-à-dire, au sens étymologique, *parfaite,* doit avoir une certaine importance pour être *autarcique,* mais ne peut exister sans se dissoudre au-delà d'une certaine grandeur : dans une cité trop grande les concitoyens ne se connaissent pas et la vie politique, au sens grec, devient impossible. Ces idées, surtout développées dans les deux derniers livres de la *Politique* seront souvent reprises, notamment par Rousseau. Après la disparition de la *polis* et l'avènement des philosophies stoïcienne et épicurienne, l'idéal d'autarcie, devenu impossible au niveau politique, « descendra » de la cité au sage lui-même.

SCIENCE

La science *(épistèmè)* est, chez Aristote, une connaissance démonstrative (qui diffère en ceci de la saisie immédiate par l'intuition), qui porte sur des objets nécessaires et éternels (contrairement à la sensation et à l'opinion) et qui peut être communiquée à d'autres par l'enseignement (qui se traduit donc en discours compréhensibles par tout animal rationnel). Par ailleurs Aristote distingue trois sortes de sciences : les sciences *théorétiques* (de *théorein,* contempler) portent sur des objets donnés indépendamment du sujet connaissant (ainsi les mathématiques, la physique, la théologie) ; les sciences pratiques (de *praxis,* action) portent sur les actes dont le principe réside dans le sujet qui agit (ainsi la politique, l'éthique, l'économique) ; les sciences *poétiques* (de *poièsis,* production), enfin, portent sur les productions c'est-à-dire les actions humaines qui aboutissent à un résultat différent de l'agent. La définition générale de la science s'applique par excellence aux sciences théorétiques, et historiquement, c'est cette conception aristotélicienne (et plus généralement grecque) selon laquelle la science est contemplation d'un objet hors d'atteinte des manipulations du savant, que la science moderne aura à renverser pour se constituer. Quant aux sciences pratiques et poétiques elles sont des discours rationnels donnant les conditions d'une pratique et d'une production correctes. L'existence de règles énoncées explicitement et reconnues par tous hisse donc la pratique politique à la scientificité, c'est-à-dire à l'universel : ainsi par l'existence d'une *constitution* la raison entre dans la vie collective des hommes.

Enfin rappelons que chez Aristote les sciences sont hiérarchisées les unes par rapport aux autres. Ainsi la science du maître d'œuvre sera supérieure à celle du manœuvre (Aristote dit qu'elle sera *architectonique* par rapport à celle-ci) ; la science politique sera architectonique par rapport à la science militaire parce qu'on fait la guerre pour sauvegarder ou développer la cité et qu'il serait contre nature d'administrer la cité à seule fin de faire la guerre. Dans l'ordre pratique la science absolument architectonique est, pour Aristote, la politique : ainsi l'éthique, science qui donne les préceptes en vue d'une conduite individuelle correcte, ou l'économique, qui règle l'administration de la famille, sont soumises à la politique, parce que la cité est *la raison d'être* profonde de l'individu et de la famille.

SUBLUNAIRE

Dans la cosmologie géocentrique d'Aristote la lune tourne autour de la terre selon une orbite circulaire qui divise le cosmos en deux régions : au-delà de l'orbite lunaire et jusqu'à la limite supérieure du ciel s'étend la région supra-lunaire où se déroule, avec une nécessité et une régularité parfaites, la ronde circulaire et éternelle des astres. Au-dessous de l'orbite de la lune nous trouvons le monde sublunaire qui est le nôtre. Monde de désordre si on le compare à la région supra-lunaire, il est radicalement imparfait en ce qu'il contient une marge irréductible de contingence. C'est-à-dire que même si l'on peut y repérer des régularités, la nécessité absolue n'y existe pas. Quand il parle des événements du monde sublunaire Aristote emploie souvent la formule « cela arrive toujours ou le plus souvent ». Si bien que le physicien, qui étudie les êtres naturels (cf. *nature* *), doit s'attendre à rencontrer comme des accrocs dans l'ordre de la nature. Il y a d'une part les événements qui surviennent de manière inhabituelle, que ce soit au hasard (Aristote a longuement analysé le hasard, qui ne se trouve pas dans la région supra-lunaire) ou autrement, mais il y a aussi des phénomènes naturels stables mais « anormaux ». Ainsi considérant le triton, Aristote écrit que chez cet animal « il semble que la nature ait subi comme une déviation » (*Histoire des animaux,* VIII, 2, 589b29). Il y a aussi des êtres dégénérés, c'est-à-dire qui s'écartent de leur genre (type) : ce sont les monstres, et la biologie d'Aristote comprend une tératologie.

Mais la coupure entre supra et sublunaire n'est pas absolue en ce que le sublunaire peut être considéré comme une copie dégradée du supra-lunaire. Conception platonicienne et sans doute, plus largement, familière à la mystique grecque : le monde du *Timée* est une copie imparfaite d'une réalité idéale, et, par ailleurs, l'âme du philosophe doit se libérer le plus possible du contingent pour se rapprocher de la nécessité manifestée par la régularité cosmique (notons que pour Platon comme pour Aristote le monde et/ou les astres ont une âme). Plusieurs fois Aristote écrit que la reproduction des êtres vivants est pour eux un moyen d'imiter par une éternité *de l'espèce* l'éternité individuelle des corps célestes. « Puisqu'en effet parmi les choses les unes sont éternelles et divines tandis que les autres peuvent être ou ne pas être ; que le beau et le divin, par leur nature même, sont toujours cause du meilleur des possibles, tandis que ce qui n'est pas éternel peut exister ou non et participer au pire ou au meilleur ; comme enfin l'âme est meilleure que le corps, l'animé meilleur que l'inanimé, parce qu'il a une âme, comme être est meilleur que ne pas être et vivre que ne pas vivre, pour toutes ces raisons il y a génération des animaux. Puisqu'il est impossible que la nature de ce genre d'êtres soit éternelle, c'est seulement dans la mesure où il le peut que ce qui naît est éternel. Numériquement il ne le peut pas, car la réalité des êtres réside dans le particulier : et s'il était tel il serait éternel. Mais il peut l'être spécifiquement. Voilà pourquoi il existe toujours un genre des hommes, des animaux, des végétaux » (*Génération des animaux,* II, 1, 731b18, trad. P. Louis, coll. Budé).

TECHNÈ

Ce terme a été rendu par le mot « art », non pas au sens esthétique qu'il a pris de nos jours, mais au sens plus général de « savoir-faire technique » (comme dans l'expression « arts et métiers ») qui résulte de la généralisation d'expérience portant sur des cas individuels : ainsi « former le jugement que tel remède a soulagé Callias, atteint de telle maladie, puis Socrate, puis plusieurs autres pris individuellement, c'est le fait de l'expérience ; mais juger que tel remède a soulagé tous les individus de telle constitution rentrant dans les limites d'une classe déterminée, atteints de telle maladie, comme par exemple, les phlegmatiques, les bilieux ou les fiévreux, cela relève de l'art » (*Métaphysique,* A, 1, 981a7, trad. J. Tricot, éd. Vrin). De sorte que le terme *technè* est pratiquement synonyme de « science poétique » (cf. *science* *).

Indications biographiques sur les principaux personnages et auteurs évoqués

- ALEXANDRE III (le Grand) (– 356, – 323). Roi de Macédoine.
- AMASIS (– 568, – 526). Avant-dernier pharaon de la XXVIe dynastie saïte. Général en chef il s'empara du trône. Très favorable aux Grecs, il mourut peu avant l'invasion de l'Égypte par les Perses.
- AMYNTAS II. Roi de Macédoine. Le père d'Aristote était médecin à sa cour.
- ANAXIMANDRE (– 7e, – 6e siècles). Deuxième philosophe, après Thalès, de l'École de Milet.
- ANAXIMÈNE (– 7e, – 6e siècles). « Associé » d'Anaximandre.
- ANTIPATER (– 397, – 319). Lieutenant d'Alexandre, après avoir été celui de son père Philippe. Ami d'Aristote, c'est lui qui mata la révolte d'Athènes qu'avait provoquée la nouvelle de la mort d'Alexandre. Il fut nommé régent de Macédoine.
- APOLLODORE DE LEMNOS. Agronome contemporain d'Aristote.
- CHARÈS DE PAROS. Agronome contemporain d'Aristote.
- CHARONDAS DE CATANE (– 6e siècle). Législateur des colonies fondées par Chalcis en Italie et Sicile.
- CHRYSIPPE (v. – 281, v. 205). Le plus grand théoricien de l'Ancien Stoïcisme.
- DÉMOSTHÈNE (– 384, – 322). Orateur et homme politique athénien. Champion de l'indépendance d'Athènes contre l'expansionnisme macédonien, il composa contre Philippe II des discours appelés *Philippiques.*
- DIOGÈNE LAËRCE (3e siècle apr. J.-C.). Auteur d'un recueil sur les *Vies, doctrines et sentences des philosophes illustres.*
- DIOGÈNE LE CYNIQUE (– 413, – 323). Philosophe, figure célèbre de l'Athènes du 4e siècle av. J.-C. C'est l'homme au tonneau.
- DENYS L'ANCIEN (– 430, – 367). Tyran de Syracuse. Célèbre pour le cynisme et la méfiance dont il accompagna l'exercice du pouvoir. C'est lui qui fit attacher une épée au-dessus de la tête de Damoclès.
- ÉPICURE (– 341, – 270). Fondateur du Jardin ou école épicurienne.
- ÉPIMÉNIDE (– 6e siècle). Philosophe, poète et législateur originaire de Crète, considéré comme un des fondateurs de l'Orphisme. On en fait aussi un devin et une légende disait qu'il avait dormi 57 ans dans une grotte pour se mettre à prophétiser à son réveil.
- EUXODE (– 406, – 355). Philosophe et mathématicien. Platonicien, il construisit un système astronomique fondé sur l'hypothèse des sphères homocentriques.
- EURIPIDE (– 480, – 406). Poète tragique.
- GORGIAS (v. – 487, – 380). L'un des sophistes en butte aux attaques de Socrate.
- HERMIAS. Tyran d'Atarnée, ami d'Aristote.
- HERPYLLIS. Seconde femme d'Aristote.
- HÉSIODE (– 8e, – 7e siècles). Poète, auteur de *Les travaux et les jours, La théogonie.*
- HOMÈRE. Poète mythique qui serait l'auteur de l'*Illiade* et de l'*Odyssée.*
- ISOCRATE (– 436, – 338). Orateur et homme politique athénien.
- MIDAS (– 8e siècle). Roi de Phrygie à propos de qui furent composés de nombreux récits fabuleux.

- NICOMAQUE. Nom du père et du fils d'Aristote.
- PARMÉNIDE D'ÉLÉE (v. - 544, v. - 540). Fondateur de l'« École éléate ».
- PHESTIAS. Mère d'Aristote.
- PHILIPPE II (- 382, 336). Roi de Macédoine, père d'Alexandre.
- PLATON (- 428, - 437). Philosophe, fondateur de l'Académie.
- PROXÈNE D'ATARNÉE. Tuteur d'Aristote.
- PYTHIAS. Première femme d'Aristote.
- SOCRATE (- 470, - 399). Philosophe athénien.
- SOLON (v. - 640, v. - 558). Poète et législateur athénien.
- SPEUSIPPE (- 393, - 339). Philosophe, neveu de Platon, il lui succéda à la tête de l'Académie.
- THALÈS (- 7e - 6e siècles). Philosophe et mathématicien de Milet. Le « père » de la philosophie.
- THÉMISON. Roi de Chypre. Aristote lui dédia son *Protreptique*.
- THÉODECTE DE PHASÉLIS (- 380, - 340). Poète tragique et orateur, disciple de Platon et ami d'Aristote.
- XÉNOCRATE (- 400, - 314). Philosophe, disciple de Platon, il succède à Speusippe à la tête de l'Académie.
- XÉNOPHON (v. - 430, v. - 355). Historien, homme politique, philosophe, disciple de Socrate.
- ZÉNON DE CITTIUM (v. - 355, v. - 264). Fondateur du Stoïcisme.

Références photographiques

Bibliothèque Nationale: 34, 88 – Giraudon: 87; Lauros: 68 – Nathan: 19, 27, 31, 63, 64, 65 – Roger-Viollet: 28-29, 30 – Ziolo, Percheron: 66, 67.

Couverture : Envergure.

Recherche iconographique: B. de Beaupuis.

Aubin Imprimeur
LIGUGÉ, POITIERS

Achevé d'imprimer en février 1992
N° d'édition 10007846 III (OSB-80)
N° d'impression L 39542
Dépôt légal février 1992 / Imprimé en France